DIE SPANNENDSTEN OUTDOOR-EXPERIMENTE für Kinder

DIE SPANNENDSTEN OUTDOOR-EXPERIMENTE für Kinder

LIZ LEE HEINECKE

moses.

Die Originalausgabe erschien 2016 unter dem Titel Outdoor Science Lab for Kids bei Quarry, einem Imprint der Quarto Publishing Group USA Inc.

Autor: Liz Lee Heinecke
Design: Leigh Ring
Fotos: Amber Procaccini Photography

7. Auflage 2022

www.moses-verlag.de
Satz und Redaktion: Gerdi Killer, bookwise medienproduktion GmbH, München
Übersetzung aus dem Amerikanischen: Jorunn Wissmann
Produktmanagement: Theresa Scholz

ISBN: 978-3-89777-935-8

Printed in China.

FSC
www.fsc.org
MIX
Papier aus verantwortungsvollen Quellen
FSC® C016973

INHALT

EINFÜHRUNG

DIE NATUR MACHT STÄNDIG EXPERIMENTE UND PROBIERT ALLES MÖGLICHE AUS. Warum also nicht den Computer oder Fernseher ausschalten, nach draußen gehen und es ihr gleichtun? In der Natur finden sich mannigfaltige Möglichkeiten zum Beobachten und Experimentieren. Ganz egal, ob es schneit oder die Sonne scheint – es gibt immer etwas Spannendes zu entdecken!

Die Arbeit an diesem Buch hat mich vom letzten Schnee im Frühjahr bis zur bunten Laubfärbung im Herbst beschäftigt und war ein echtes Abenteuer. Meine Kinder und ich durchstreiften an heißen Sommertagen schattige Wälder, verzierten den Bürgersteig mit Fresken aus Maisstärke und verwandelten eine Luftmatratze mithilfe von Trichter und Gartenschlauch in ein Wasserbett. Immer wieder blieben unsere Nachbarn neugierig stehen und wollten wissen, was wir machten, und eines nebligen Abends nahm ich die ganze Familie auf einen Mondscheinspaziergang mit.

Bei der Durchführung der 52 Experimente zeigte sich, dass diese viel besser für Hinterhof oder Garten als für den Küchentisch geeignet waren; Lippenbalsam und Superkugeln stellten wir draußen auf einem Tisch her. Meinen Kindern und ihren Freunden machte es großen Spaß, Riesenseifenblasen zu produzieren. Bärtierchen sammelten wir im Moos, und das war gar nicht so einfach. Doch kaum hatten wir den Bogen heraus, konnten wir gleich mehrere dieser Winzlinge unter dem Mikroskop beobachten.

Einige Projekte, wie die Schiffchenfahrt im Planschbecken, sind ideal für kleinere Kinder, während sich Ältere ab zehn Jahren besonders für die schwierigeren Experimente begeistern. Sehr beliebt war das Einsammeln der Regenwürmer, und wir alle staunten darüber, was man mit unterkühltem Wasser anstellen kann. Lupe und Notizbuch entpuppten sich während unserer Exkursionen im Freien als überaus wertvolle Begleiter.

Wer draußen ist, tut gleichzeitig auch etwas für seine Fitness - man muss sich einfach bewegen, wenn man sucht, sammelt, beobachtet und experimentiert. Moos unter der Lupe zu betrachten und barfuß am Ufer eines Sees zu waten verschaffte uns neue Eindrücke und eine neue Sicht der Dinge - es brachte uns der Natur wieder ganz nahe.

Manchmal war es ein hartes Stück Arbeit, meine Kinder nach draußen zu locken, aber der Aufwand lohnte sich immer. Es gibt nichts Schöneres, als unseren wunderbaren Planeten zu erforschen, die Jahreszeiten zu riechen und den Wind in den Haaren zu spüren. Ganz egal, ob man einen ganzen Tag lang die Natur erforschen kann, eine Stunde auf dem Spielplatz zubringt oder einfach nur ein kleines Experiment im Hinterhof oder Garten durchführt - die in diesem Buch vorgestellten Projekte werden die Freude an der Erforschung der Natur wecken.

DIE EXPERIMENTE

Alle 52 Experimente können im Freien durchgeführt werden. Für einige braucht man zwar einen Tisch, etwa wenn man Wasserlebewesen unter dem Mikroskop betrachten will, aber immer lässt sich die Versuchsanordnung draußen bewerkstelligen.

Mehrere Projekte befassen sich mit Ökosystemen und ihren Bewohnern, also ist darauf zu achten, welche Jahreszeit gerade herrscht und welches Experiment am besten passt. Viele Projekte sind besser für die warmen Jahreszeiten geeignet, doch einige können auch im Schnee durchgeführt werden. Bei Regen lassen sich manche Projekte auch gut im Haus umsetzen.

Für jedes Experiment gibt es eine leicht verständliche Erklärung zur Wissenschaft, die dahintersteckt. Sie vermittelt nicht nur die zugrunde liegenden Ideen, sondern bringt auch spezielle Fachbegriffe ins Spiel. Die Anleitungen für die Durchführung der Experimente sind so einfach aufgebaut wie ein Kochrezept und haben folgende Gliederung:

- MATERIAL
- WICHTIGE HINWEISE
- VERSUCHSPROTOKOLL
- DIE WISSENSCHAFT HINTER DEM SPASS
- NOCH MEHR IDEEN

Unter dem Stichwort MATERIAL ist alles aufgelistet, was für die Durchführung des Projekts benötigt wird. Die WICHTIGEN HINWEISE bieten praktische Hilfen. Jedes VERSUCHSPROTOKOLL führt Schritt für Schritt durch das Experiment. DIE WISSENSCHAFT HINTER DEM SPASS liefert leicht verständliche Erklärungen zu jedem Experiment, und unter der Rubrik NOCH MEHR IDEEN finden sich Ergänzungen, die das Experiment noch ein, zwei Schritte weiterführen. Sie regen zu eigenen Ideen und weiteren interessanten Fragestellungen rund um das Thema an.

Für Kinder ist das Experimentieren genauso wichtig wie das Ergebnis, darum sollten sie unbedingt die Freiheit bekommen, sich ganz darin zu vertiefen. Messen, schöpfen, umrühren, in der Erde buddeln, nass werden – all das gehört zum Naturforscherdasein dazu. Barfuß durch einen kühlen Bach zu waten, um Forschungsobjekte zu sammeln, schafft eine physische Verbindung zur Umwelt und somit bleibende Erinnerungen an ein solches Experiment.

Nützliche Hilfsmittel sind unter anderem Lupe, Klebeband, Fernglas, Trichter und ein einfaches Mikroskop.

Meine Kinder und ich haben alle 52 Projekte durchgeführt. Die meisten davon werden gut gelingen, wenn man sich an das Versuchsprotokoll hält. Manche aber erfordern etwas Anpassung, Übung oder eigene Ideen. Geduld stellt sich von allein ein, wenn man die Natur erforscht. Übrigens sind Fehler und Missgeschicke viel lehrreicher als Experimente, die reibungslos gelingen – schließlich führten schon viele wissenschaftliche Fehlgriffe im Labor zu großen Entdeckungen!

Notizbücher

Wissenschaftler machen sich Notizen und führen Tagebuch, um ihre Arbeit zu dokumentieren. In der Wissenschaft geht man so vor: Man stellt eine Frage, macht Beobachtungen und führt Versuche durch, die der Frage auf den Grund gehen. Es macht Spaß, seine Forscherabenteuer in einem Notizbuch festzuhalten.

Zur Dokumentation der Forschungsarbeit eignen sich ein Spiralblock, ein Schreibheft, ein Notizbuch oder ein paar leere, zusammengeheftete Blätter. Ein Teil des Notizbuchs sollte für Tierbeobachtungen in der Natur reserviert sein, um dort etwa das Verhalten von Gliederfüßern festzuhalten. Dazu sollten immer Datum, Tageszeit, Ort, Temperatur, Wetter und Bodenbeschaffenheit notiert werden. Auf den hinteren Seiten des Notizbuchs ist Platz für die Beschreibung von Pflanzen, Tieren und Gesteinen, die bei den Projekten entdeckt werden.

Wie ein echter Wissenschaftler solltest du zu jedem durchgeführten Projekt Folgendes notieren:

1. Wann hast du mit dem Experiment begonnen? Schreibe das Datum oben auf die Seite.

2. Was möchtest du beobachten oder herausfinden? Formuliere eine Frage, z. B.: »Was passiert, wenn ich Natron und Essig in einer Flasche mische?«

3. Was mag wohl passieren? Stelle eine Hypothese auf. Eine Hypothese ist eine vorläufige Erklärung für eine Beobachtung, ein Phänomen oder ein wissenschaftliches Problem, die sich im Versuch überprüfen lässt. Sie ist also eine Annahme darüber, was passieren könnte – ausgehend von dem, was du bereits weißt.

4. Was geschah tatsächlich, als du das Experiment zur Überprüfung deiner Hypothese durchgeführt hast? Halte alle Daten fest, auch Angaben wie Maße und Temperaturen. Du kannst deine Beobachtungen aufschreiben, zeichnen oder fotografieren. Klebe die Fotos in dein Notizbuch.

5. Betrachte die gesammelten Informationen (das sind deine Daten) und ziehe daraus eine Schlussfolgerung. Sind die Ergebnisse so wie erwartet? Unterstützen sie deine Hypothese, die du vor der Durchführung des Experiments aufgestellt hast?

Im Anschluss an das erste Experiment kannst du dir noch weitere Methoden überlegen, um die Problemstellung anzugehen. Versuche es mit den Angaben in dem Abschnitt NOCH MEHR IDEEN oder erfinde ein neues Experiment, das auf dem ersten aufbaut. Wie lässt sich das, was du erfahren hast, auf deine Umwelt übertragen? Halte all deine Überlegungen in deinem Notizbuch fest.

KAPITEL 01
SPANNENDE TIERE

OB WINZIGES PLANKTON ODER RIESIGE WALE, DIE SICH DAVON ERNÄHREN – ES GIBT UNGLAUBLICH VIELE VERSCHIEDENE LEBEWESEN AUF DER ERDE, UND ALLE HABEN SIE IHRE GANZ SPEZIELLEN MERKMALE.

Manche Lebewesen verdoppeln einfach ihre Erbsubstanz – die sogenannte DNA – und teilen sich, um sich zu vermehren. Bei anderen dagegen ist die Fortpflanzung komplizierter. Tiere, die eine Metamorphose (Verwandlung) durchlaufen – wie etwa Frösche oder Schmetterlinge –, machen während ihrer Entwicklung enorme Veränderungen durch; so können sie zwischen unterschiedlichen Lebensräumen wechseln. Kaulquappen beispielsweise begeben sich aus dem Wasser ans Land, um sich in Frösche oder Kröten umzuwandeln, Raupen dagegen verpuppen sich und fliegen schließlich als Schmetterlinge davon.

Die winzigen Bärtierchen, so genannt wegen ihres bärenhaften Aussehens, durchlaufen keine Metamorphose, doch sind auch sie wahre Überlebenskünstler. Sie können austrocknen und so Hitze, Kälte und sogar die intensive Strahlung im Weltall aushalten.

Jeder Teelöffel Sand, jeder Tropfen Wasser aus einem Teich oder Bach wimmelt von Lebewesen. Von räuberischen Großlibellenlarven bis hin zu zwickenden kleinen Krebsen – du wirst staunen, was sich alles im Wasser oder unter Steinen und Laub verbirgt.

Wenn man Tiere vorsichtig einfängt und beobachtet, ist das ein wunderbarer Weg, um mehr über die faszinierenden Kreaturen auf dieser Erde zu erfahren. Denke immer daran, dass jedes Tier selbst Lebensraum für vielerlei Mikroorganismen ist. Darum ist es wichtig, jedes Lebewesen wieder genau dorthin zurückzubringen, wo man es gefangen hat – andernfalls würde man vielleicht Krankheiten von einem Tierbestand zum anderen verschleppen.

PROJEKT 01

WIRBELLOSEN AUF DER SPUR

MIT KÜCHENSIEBEN KANNST DU WIRBELLOSE TIERE AUS EINEM SEE, TEICH ODER BACH FANGEN UND SIE DANN BESTIMMEN.

Material

- → Feinmaschige Küchensiebe oder Insektenschutzhauben
- → Weiße Schüsseln oder Tabletts
- → Sieb oder Durchschlag mit größeren Löchern
- → Plastiklöffel oder Pinzette zum Heraussuchen der Wirbellosen
- → Schüssel oder Eimer
- → Leere Eiswürfelschale
- → Lupe
- → Bestimmungsschlüssel

Wichtige Hinweise

Kleine Kinder am Wasser nie unbeaufsichtigt lassen!

Kleinen Kindern beim Einsammeln der Tiere helfen.

An einer möglichst flachen Stelle ins Wasser waten.

Abb. 4: Betrachte die Wirbellosen mit der Lupe.

Versuchsprotokoll

1. Schöpfe mit einem feinmaschigen Küchensieb Sand und Schlamm vom Rand des Gewässers (Abb. 1 und 2).

2. Schütte deine Probe in ein zweites Sieb um oder gib sie in eine weiße Schüssel oder auf ein weißes Tablett. Bewegt sich etwas? (Abb. 3)

3. Wenn du ein Sieb mit größeren Löchern hast, setze es auf die weiße Schüssel oder das Tablett und schütte die Probe in das Sieb. Warte zehn Minuten. Einige Wirbellose werden von allein durch das Sieb auf die Unterlage fallen. Schütte den verbliebenen Schlamm in ein zweites weißes Gefäß.

4. Sammle die Wirbellosen aus den Proben mit einem Löffel, einer Pinzette oder den Fingern vorsichtig ein. Größere Exemplare wie Schnecken, Muscheln oder Krebse setzt du in eine Schüssel oder einen Eimer mit Wasser aus dem Teich oder Bach. Kleinere Wirbellose lassen sich in eine Eiswürfelschale sortieren.

5. Beobachte die Tiere mit der Lupe. Schreibe auf, wie viele Beine sie jeweils haben und wo am Körper diese sitzen. Zeichne die Tiere in dein Notizbuch und dokumentiere ihre Bewegungen sowie besondere Merkmale (Abb. 4).

6. Benutze einen Bestimmungsschlüssel für Wirbellose, wie du ihn zum Beispiel im Internet unter diesem Suchbegriff finden kannst. Vielleicht gelingt es dir mit seiner Hilfe, einige Tierarten zu bestimmen.

7. Lass die Tiere an derselben Stelle, an der du sie gefangen hast, wieder frei.

Abb. 1: Schöpfe Schlamm aus dem Uferbereich.

Abb. 2: Schöpfe noch mehr Schlamm.

Abb. 3: Schütte die Probe in eine weiße Schüssel.

Noch mehr Ideen

. Wenn du am Meer lebst, kannst du auch n der Flachwasserzone nach Wirbellosen suchen.

2. Fange größere Wirbellose mit einem Netz direkt aus einem Bach oder Fluss. Sind es dieselben Arten wie im Uferschlamm?

3. Grabe ein wenig Erde aus und siebe sie durch. Welche Wirbellose findest du hier?

Die Wissenschaft hinter dem Spass

Sie haben zwar kein Rückgrat wie die Wirbeltiere, doch die großen Wirbellosen, die in der Fachsprache »Makroinvertebraten« genannt werden, haben trotzdem oft viel »Biss«. Die Larven von Großlibellen beispielsweise sind sogar Fleischfresser. Sie erbeuten Kaulquappen und kleine Fische.

Als Makroinvertebraten bezeichnet man Tiere ohne ein Rückgrat, die mit bloßem Auge – also ohne Mikroskop – sichtbar sind. Dazu zählen zum Beispiel Muscheln, Schnecken, Würmer und Krebse. Wasserinsekten sind die häufigsten Makroinvertebraten. Sie spielen für die Ökosysteme eine wichtige Rolle, denn sie fressen Algen und Pflanzen und werden ihrerseits von größeren Tieren wie etwa Fischen vertilgt, die in der Nahrungskette über ihnen stehen.

Wissenschaftler untersuchen die Vorkommen von Makroinvertebraten, denn diese verraten viel darüber, welche Wasserqualität ein Gewässer hat und ob das Ökosystem, in dem die Tiere leben, gesund ist oder nicht.

PROJEKT 02

JAGD AUF BÄRTIERCHEN

Material

- Flechten und Moos, vorsichtig von Bäumen geschabt
- Stilles Mineralwasser
- Petrischale
- Mikroskop

Wichtige Hinweise

Sammle reichlich Flechten und Moos.

Kleine Kinder benötigen Hilfe beim Aufspüren der Bärtierchen, beobachten diese aber begeistert unter dem Mikroskop.

Man braucht etwas Geduld, um ein Bärtierchen zu entdecken. Nicht aufgeben, wenn es nicht sofort funktioniert. Es wird sicherlich bald gelingen!

SUCHE IM MOOS UND IN FLECHTEN NACH DEN MIKROSKOPISCH KLEINEN TIERCHEN.

Abb. 5: Bärtierchen sehen aus wie Raupen oder seltsame kleine Schweinchen.

Versuchsprotokoll

1. Suche neben und auf Bäumen nach Moos und Flechten. Moos ist oft grün und samtweich, Flechten bilden eher blaugrüne oder graue Krusten auf Baumrinde. Kratze vorsichtig etwas Moos und einige Flechten ab und nimm sie in einem Behälter mit nach Hause (Abb. 1).

2. Sind Moos und Flechten trocken, bedecke sie teilweise mit stillem Mineralwasser und warte ab, bis sie sich über Nacht vollgesogen haben. Sind Moos und Flechten feucht und weich, brauchst du sie nur fünf bis zehn Minuten zu wässern (Abb. 2).

3. Suche nach Bärtierchen. Dazu nimmst du Moos und Flechten vorsichtig aus dem Wasser und schüttelst sie über einer Petrischale aus, sodass die Tropfen in die Schale fallen. Drücke das verbliebene Wasser aus dem Moos ebenfalls in die Schale, sodass deren Boden mit Wasser bedeckt ist (Abb. 3).

4. Betrachte die Wasserprobe unter dem Mikroskop, zunächst mit geringster Vergrößerung. Manchmal hilft es, kurz abzuwarten, bis sich alles am Boden der Petrischale abgesetzt hat. Achte auf Teilchen, die sich bewegen und leicht rosa-durchscheinend aussehen (Abb. 4).

Abb. 1: Suche nach Flechten (hier im Bild) und Moos, die auf Baumrinde wachsen.

Abb. 2: Wässere das Moos ausgiebig.

Abb. 3: Schüttle und drücke das Wasser aus dem Moos in eine Petrischale aus.

Abb. 4: Suche unter dem Mikroskop nach Bärtierchen.

5. Bärtierchen sind gut an ihren vier Beinpaaren zu erkennen. Sie sehen ein bisschen aus wie Raupen oder seltsame kleine Schweinchen (Abb. 5).

6. Wenn du ein Bärtierchen entdeckst, schiebe es mit der Schale in die Mitte des Sichtfeldes und wähle eine stärkere Vergrößerung, um es genauer zu betrachten.

7. Mach ein Foto oder eine Videoaufnahme vom Bärtierchen oder zeichne es in dein Notizbuch. Auf Seite 141 findest du einen Link zu einem Video, das wir von Bärtierchen gemacht haben.

Noch mehr Ideen

Sammle Moos und Flechten vom Boden und von Bäumen. In welchen Proben findest du mehr Bärtierchen? Überprüfe deine Hypothese und halte deine Ergebnisse im Notizbuch fest.

Die Wissenschaft hinter dem Spass

Die winzigen Bärtierchen heißen mit lateinischem Namen *Tardigrada*, das bedeutet auf Deutsch so viel wie »langsamer Läufer«. Viele Arten leben im Süß- oder Salzwasser, doch auch an Land sind die Bärtierchen fast allgegenwärtig. Hier findet man sie oft in Moos und Flechten, da es dort schön feucht ist.

Trocknet ihre Umgebung aus, passiert mit den Bärtierchen dasselbe. Sie verlieren bis zu 97 Prozent ihres Körpergewichts und verwandeln sich in ausgedörrte »Tönnchen«. In diesem sogenannten kryptobiotischen Zustand können sie fast alles überstehen: extreme Hitze, Kälte, das Einwirken von Chemikalien und sogar die starke Strahlung im Weltall. Tröpfelt man ein wenig Wasser auf sie, erwachen die Tierchen erneut zum Leben.

Bärtierchen sind lediglich einen halben Millimeter lang und darum nur unter dem Mikroskop zu beobachten. Sie unterscheiden sich stark von anderen Lebewesen und gehören, wie Gliederfüßer (zu denen auch die Insekten zählen) und Fadenwürmer, zur Gruppe der Häutungstiere.

PROJEKT 03

METAMORPHOSE DER KAULQUAPPEN

Material

- Wasserbehälter, z. B. Gläser
- Kescher oder Eimer zum Einfangen
- Großer Behälter als Aquarium
- Grüner Salat, 5 Minuten gekocht und klein geschnitten (als Futter)

Wichtige Hinweise

Kleine Kinder am Wasser nie unbeaufsichtigt lassen!

Das Fangen von Kaulquappen in ihrem natürlichen Lebensraum ist nur mit einer behördlichen Ausnahmegenehmigung möglich.

Benutze niemals Leitungswasser für das Aquarium, denn Chlor kann die Kaulquappen töten.

Halte dich strikt an die Regelungen zum Naturschutz und lass die Frösche und Kröten genau dort wieder frei, wo du die Kaulquappen eingefangen hast.

Abb. 2: Setze die Kaulquappen in einen Behälter mit chlorfreiem Wasser.

BEOBACHTE, WIE SICH KAULQUAPPEN IN FRÖSCHE UND KRÖTEN UMWANDELN.

Versuchsprotokoll

1. Seit 1980 stehen Amphibier in Deutschland unter Artenschutz, da sie in ihrem Bestar stark bedroht sind. Daher dürfen sie seither aus ihrem natürlichen Lebensraum nich entnommen werden. Du kannst aber versuchen, bei der Naturschutzbehörde eine Ausnahmegenehmigung z. B. für deine Schule zu bekommen. Wenn auc das nicht möglich ist, beobachte die Entwicklung der Kaulquappen einfach in ihrem natürlichen Lebensraum.

2. Hast du bzw. dein Lehrer eine Genehmigung erhalten, schau nach, ob du Kaulquappen in einem Teic oder ähnlichen Gewässer entdeckst. Fülle etwas Teichwasser in deinen Behälter, fange vorsichtig ein paar der Tiere mit dem Kescher und setze sie hinein. Entnehme noch mehr Wasser und ein paar Alger um die Kaulquappen später in ihrer Unterkunft zu versorgen (Abb. 1, 2).

3. Suche einen großen Behälter mit Abdeckung oder baue eine Abdeckung dafür. Sie muss Luftlöcher haben, damit die Kaulquappen nicht ersticken. Richte die Unterkunft mit dem mitgebrachten Teichwasser und den Algen ein. Wichtig sind auch erhöhte Ruheplätze, z. B. Steine, auf die sich herangewachsene Frösche oder Kröten setzen können (Abb. 3).

4. Setze die Kaulquappen in das Aquarium und beobachte sie täglich. Gib nach Bedarf mehr Wasser hinzu. Die Ruheplätze müssen oberhalb der Wasserlinie bleiben.

Abb. 1: Fange die Kaulquappen vorsichtig mit dem Kescher ein.

Abb. 3: Baue eine Unterkunft für die Kaulquappen.

Abb. 4: Setze die Frösche oder Kröten dort wieder aus, wo du die Kaulquappen gefangen hast.

Abb. 5: Aus den Kaulquappen sind kleine Frösche geworden.

5. Füttere die Kaulqappen täglich mit gekochtem Salat.

6. Mach jeden Tag Zeichnungen der Tiere in dein Notizbuch. Bald wirst du sehen, dass ihnen Beine wachsen und ihr Schwanz verschwindet.

7. Wenn die Kaulquappen das Wasser verlassen, bringe sie zurück in das Gewässer, in dem du sie gefangen hast, damit sie Nahrung finden (Abb. 4, 5).

Noch mehr Ideen

Notiere in einem »Metamorphose-Tagebuch«, wann die Kaulquappen besonders aktiv oder inaktiv sind und nach wie vielen Tagen sie ihre Hinter- und Vorderbeine ausbilden und den Schwanz verlieren. Entwickeln sich alle gleich schnell?

Die Wissenschaft hinter dem Spass

Es kann für Tiere vorteilhaft sein, einen anderen Lebensraum zu beanspruchen als ihre Jungen – dies ist z.B. bei Fröschen und Kröten der Fall. Ihre Jungen, die Kaulquappen, leben im Wasser und ernähren sich vorwiegend von Algen und Pflanzen; Frösche und Kröten dagegen leben eher an Land und fressen Insekten und anderes Kleingetier. So konkurrieren die erwachsenen Tiere nicht mit ihrem Nachwuchs um Platz und Futter.

Nach dem Schlüpfen nehmen Kaulquappen Nahrung zu sich und wachsen heran. Dabei durchläuft ihr Körper eine Umwandlung, die man als »Metamorphose« bezeichnet. Die Kaulquappen entwickeln eine Lunge, sie bilden Hinter- und Vorderbeine aus, ihr Schwanz verschwindet, und ihr Maul verbreitert sich, während sie zu Fröschen oder Kröten heranwachsen.

Die Metamorphose dauert bei kleineren Frosch- und Krötenarten etwa zwei Monate, bei sehr großen Arten wie dem bis zu 20 cm großen Nordamerikanischen Ochsenfrosch aber bis zu zwei Jahre. Ochsenfrösche wachsen erst zu riesigen Kaulquappen heran, bevor sie ihre Metamorphose beginnen.

PROJEKT 04

METAMORPHOSE DER SCHMETTERLINGE

Material

- Einheimische Pflanzen, die Schmetterlingen als Wirtspflanze dienen, z. B. Brennnesseln
- Vase oder Glas mit etwas Wasser
- Plastikfolie
- Großer Behälter mit Abdeckung
- Mehr einheimische Schmetterlingspflanzen (oder deren Samen) für euren Garten (wahlweise)

Wichtige Hinweise

Einen Schmetterling greift man am besten bei geschlossenen Flügeln sanft mit Daumen und Zeigefinger.

Wenn du die Puppe unbedingt von ihrem Platz entfernen musst, binde einen feinen Faden fest an den kleinen Stiel an der Oberseite und hänge die Puppe an einem sicheren Platz wieder auf. Achte sehr darauf, sie nicht fallen zu lassen.

Abb. 6: Pflanze Schmetterlingspflanzen im Garten.

BEOBACHTE DIE WUNDERBARE VERWANDLUNG VON DER RAUPE ZUM SCHMETTERLING.

Versuchsprotokoll

1. Finde heraus, welche Pflanzen in deiner Umgebun Schmetterlingen als Wirtspflanzen dienen, und bescha fe dir Bilder von Schmetterlingseiern. Suche an den Unterseiten von Blättern nach Eiern und Raupen. Schmetterlingseier sind nur etwa stecknadelkopfgr und meist von heller Farbe (Abb. 1).

2. Wenn du ein Ei oder eine Raupe findest, lass sie am Blatt und nimm den ganzen Stängel der Pflanz mit nach Hause. Sammle mehr Stängel und Blätter dieser Pflanzenart als Futter für die Raupe (Abb.

3. Stelle den Stängel in eine Vase mit Wasser und umwickle deren Öffnung und den unteren Stängelt fest mit Folie, sodass die Raupe nicht ins Wasser fallen und ertrinken kann. Stelle alles in einen größeren Behälter mit Abdeckung, beispielsweise aus einem Leinentuch.

4. Beobachte, wie die Raupe schlüpft und wächst. Tausche die Pflanze aus, wenn die alte welk wird oder alle Blätter aufgefressen sind (Abb. 3).

5. Beobachte die Raupe jeden Tag, bis sie sich an einem Faden aufhängt und verpuppt. Solange du s mit frischen Blättern versorgst, bekommt sie genügend Wasser und Nährstoffe (Abb. 4).

6. Wenn der Schmetterling schlüpft, braucht er mindestens einen Tag Ruhe. Er muss so sitzen, dass seine Flügel nach unten hängen, damit Körperflüssigkeit in seine Flügel strömen kann (Abb. 5).

Abb. 1: Suche an Pflanzen nach Eiern und Raupen.

Abb. 2: Findest du ein Ei oder eine Raupe, nimm den ganzen Stängel mit und stelle ihn ins Wasser.

Abb. 3: Beobachte die Raupe bei ihrer Entwicklung.

Abb. 4: Die Raupe entwickelt sich zur Puppe.

7. Lass den Schmetterling frei.

8. Bepflanze deinen Garten mit Wirtspflanzen für Schmetterlinge, damit du nächstes Jahr noch mehr Raupen findest. Manche Arten brauchen dringend solche Unterstützung! (Abb. 6)

Abb. 5: Lass den frisch geschlüpften Schmetterling ruhen.

Noch mehr Ideen

Führe ein Tagebuch über die Entwicklung und das Wachstum der Raupe. Miss täglich ihre Länge und notiere, wie lange sie Puppenruhe hält, bevor der Schmetterling schlüpft.

Die Wissenschaft hinter dem Spass

In der Natur schafft es oft nur ein kleiner Prozentsatz der Schmetterlinge vom Ei bis zum fliegenden Tier, doch wenn du die Eier in Sicherheit bringst, stehen die Chancen deutlich besser.

Raupen wachsen erstaunlich schnell. Stell dir vor, du würdest dich nur von Pflanzen ernähren und dabei in zwei Wochen vom Neugeborenen mit ca. 3,5 kg Gewicht zur Größe eines Lastwagens heranwachsen! Noch erstaunlicher ist die Umwandlung der dicken, behäbigen Raupe in eine lampionförmige Puppe und schließlich in einen majestätischen, zarten Schmetterling.

Schmetterlinge legen viele Eier, die Weibchen der nordamerikanischen Monarchfalter beispielsweise rund 400 Stück auf Wolfsmilchgewächse. Dabei achten sie genau darauf, wo sie ihre Eier platzieren. Jedes Ei wird an eine andere Pflanze oder zumindest ein anderes Blatt geheftet. Darum ist es so wichtig, dass für Schmetterlinge viele Wirtspflanzen zur Verfügung stehen. In jedem Garten sollten daher Pflanzen wachsen, die Schmetterlinge anlocken.

KAPITEL 02

PHYSIK IM GARTEN

MACHT ES NICHT SPASS, DINGE FLIEGEN ZU LASSEN? WENN MAN WASSERRAKETEN BAUT, DIE AN FALLSCHIRMEN AUS PLASTIKTÜTEN HÄNGEN, LERNT MAN DABEI EINE MENGE ÜBER DIE KONSTRUKTION VON FLUGGERÄTEN.

Ein Garten, ein Hinterhof oder eine Einfahrt ist genau der richtige Ort, um noch weitere einfache physikalische Prinzipien zu testen, beispielsweise die Zentripetalkraft, den Bernoulli-Effekt und optische Phänomene. Wenn du unbedingt mit etwas schießen willst, baust du dir ein Katapult!

Katapulte waren ursprünglich Kriegswaffen in verschiedenen Ausführungen. Die frühesten Katapulte hießen Ballisten und waren quasi riesige Armbrüste. Eine andere Form, das sogenannte Mangonel-Katapult, dagegen hat einen langen hölzernen Arm mit einer Art Eimer am Ende und wird mit einem Seil gespannt. Wieder ein anderes Modell, das Trebuchet-Katapult, sollte möglichst viel Schaden anrichten; durch sein schweres Gegengewicht wurden Geschosse fortgeschleudert, die sogar Burg- und Stadtmauern zerstörten. Im Krieg schoss man alles Mögliche gegen Festungen und in sie hinein, wie Steine, brennende Substanzen und heißes Pech.

In diesem Kapitel erfährst du, wie du mit einer Wäscheklammer und zwei flachen Leisten eine kleine, weniger zerstörerische Variante eines Mangonel-Katapults bauen kannst. Doch damit nicht genug. Überleg dir einmal, wie du aus Gummiband eine Schleuder für Marshmallows gestalten könntest oder ein Papierfliegerkatapult aus Pappe!

PROJEKT

05 TÜTENFALLSCHIRME

Material

- Schere
- Leere Plastiktüte, mindestens 30 x 30 cm groß
- Klebstoff oder Klebepunkte
- Bind- oder Wollfaden
- Klebeband
- Leere 1-l-Flasche aus Plastik
- Nadel einer Ballpumpe
- Ballpumpe oder Fahrradpumpe
- Ein in die Flaschenöffnung passender Korken, quer in zwei kleinere Korken zerschnitten
- Wasser
- Schutzbrille
- Schuhkarton oder ähnlicher Behälter

Wichtige Hinweise

Grundsätzlich Schutzbrillen tragen!

Ein Erwachsener sollte den Korken durchschneiden.

MIT FALLSCHIRMEN AUS PLASTIKTÜTEN KÖNNEN WASSERRAKETEN, DIE DU MIT EINER LUFTPUMPE IN DIE LUFT SCHIESST, SANFT LANDEN.

Abb. 4: Schieß die Rakete ab, um die Funktion deines Fallschirms zu testen.

Abb. 1: Klebe die Fallschirmfäden an den Boden der Flasche.

Abb. 2: Stecke die Nadel der Ballpumpe durch den Korken und befestige sie an der Luftpumpe.

Abb. 3: Fülle etwas Wasser in die Flasche.

Versuchs-protokoll

1. Schneide aus einer dünnen Plastiktüte ein Quadrat von 30 x 30 cm, das als Fallschirm dienen soll.

2. Schneide vier Stückchen Bind- oder Wollfaden zu, ebenfalls je 30 cm lang. Befestige an den Ecken des Fallschirms mit etwas Klebstoff je einen Faden.

3. Klebe den Fallschirm mit Klebeband fest an den Boden einer Plastikflasche (Abb. 1).

4. Stecke die Nadel der Ballpumpe durch den Korken und befestige sie an der Pumpe (Abb. 2).

5. Fülle die Flasche zu etwa einem Viertel mit Wasser und verschließe sie fest mit dem Korken, der mit der Luftpumpe verbunden ist (Abb. 3).

6. Setze deine Schutzbrille auf und platziere die Flaschenrakete so in einem Behälter (z. B. einem Schuhkarton), dass ihr Boden nach oben und von dir weg zeigt.

7. Pumpe Luft in die Flaschenrakete, bis sie startet (Abb. 4).

8. Sollte das Experiment nicht geklappt haben, baue den Fallschirm noch einmal zusammen und versuche es erneut.

Die Wissenschaft hinter dem Spass

Wenn Luft in die Flasche gepumpt wird, steigt der Druck in der Flasche. Der Korken wird herausgepresst, das Wasser schießt Richtung Erde, und die Rakete schnellt in die entgegengesetzte Richtung. Die Schwerkraft holt die leere Flasche wieder zur Erde zurück, doch die große Oberfläche des geöffneten Fallschirms erhöht den Luftwiderstand und entfaltet eine starke Zugkraft auf die Rakete, sodass ihr Fall gebremst wird.

Die Form des Fallschirms, die Länge der Fäden und sogar das Material, aus dem der Fallschirm besteht, beeinflussen den Luftstrom und damit seine Fähigkeit, den Sturz eines an ihm hängenden Objekts zu bremsen. Löcher im Fallschirm, die den Luftstrom steuern, beeinflussen ebenfalls seine Wirkung.

Noch mehr Ideen

1. Verändere die Form und die Art deines Fallschirms. Was passiert, wenn du Löcher hineinmachst oder mehr Fäden anbringst?

2. Fülle die Rakete mit unterschiedlich viel Wasser und beobachte, wie hoch sie fliegt.

PROJEKT 06

MARSHMALLOW-KATAPULT

Material

- 3 (oder mehr) hölzerne, flache Leisten
- Tütenklammer oder Ähnliches
- Draht
- Klebeband
- Nägel
- Hammer
- Holzklotz oder feste Holzkiste
- Pappbecher, Rand zu zwei Dritteln abgeschnitten
- Marshmallow und andere kleine Objekte

Wichtige Hinweise

Schieße mit dem Katapult niemals auf Menschen oder Tiere!

BAUE EIN MINIKATAPULT AUS FLACHEN LEISTEN UND TÜTENKLAMMERN.

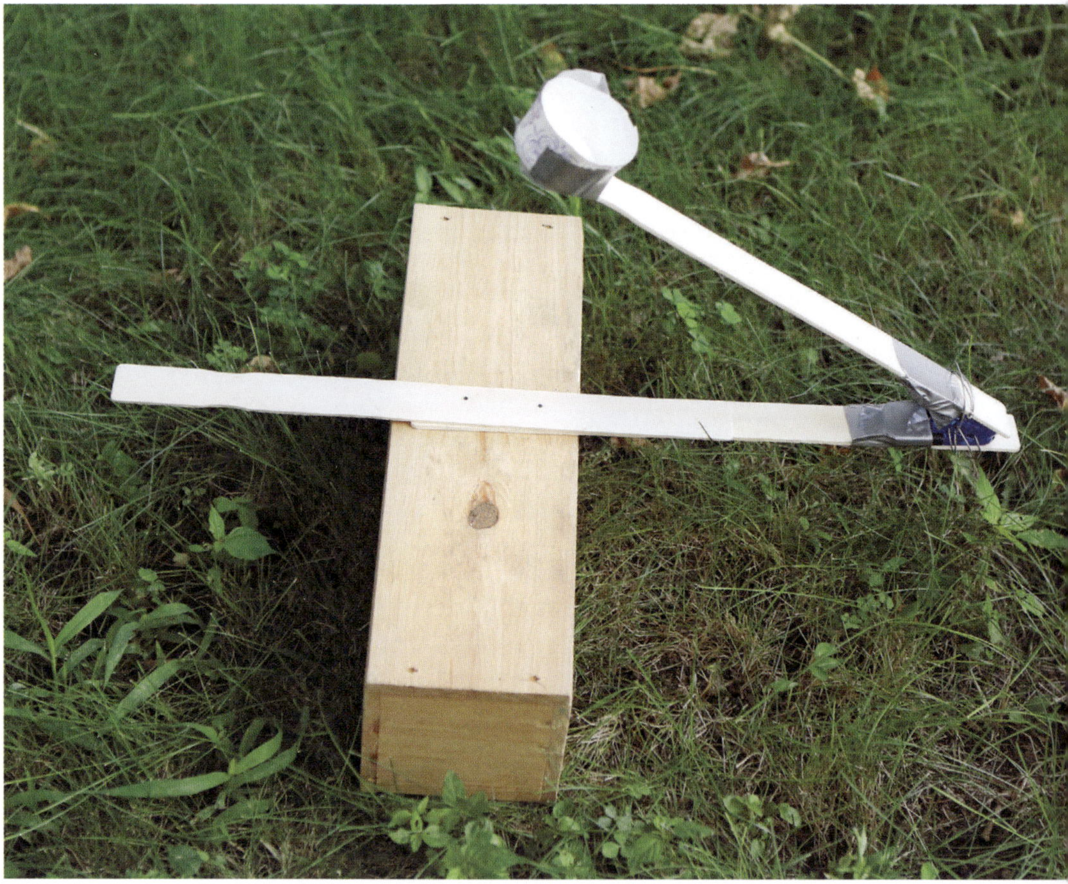

Abb. 2: Klebe einen Pappbecher auf den Wurfarm des Katapults.

Abb. 1: Nagle die überlappenden Leisten auf
einen Holzklotz oder eine Kiste.

Abb. 3: Lege ein Marshmallow in den Becher und ziehe den Arm herunter.

Versuchs-protokoll

Mach je eine der Leisten mit Draht und Klebeband gut an jedem Griff der Tütenklammer fest. Die Leisten bilden eine Verlängerung der Klammer und formen ein V, an dessen Spitze die Klammer sitzt.

. Lege die dritte Leiste längs unter einen Arm des V und nagle die beiden überlappenden Leisten so auf ein Brett oder eine Holzkiste, dass der andere Arm in die Luft ragt (Abb. 1).

. Klebe den Pappbecher als Geschossschale auf das Ende des emporragenden Arms (Abb. 2).

. Lege ein Marshmallow oder ein anderes kleines Objekt wie eine Bohne in die Geschossschale, ziehe die obere Leiste des Katapults ganz nach unten und lass sie dann los (Abb. 3, 4).

. Schieße mehrere unterschiedlich große Objekte ab und miss nach, wie weit sie geflogen sind. Kannst du voraussehen, wo die Objekte landen werden?

Abb. 4: Lass den Katapultarm los.

Noch mehr Ideen

Verändere die Länge des Katapultarms. Wird ein längerer oder ein kürzerer Arm die Objekte weiter schleudern, was meinst du?

Die Wissenschaft hinter dem Spass

Katapulte sind Apparate zum Schleudern von Geschossen; sie entstanden in antiker Zeit als Kriegswaffen. Unser Katapult ist eine Variante des Mangonel-Katapults. Sein Wurfarm ist an einer Tütenklammer befestigt, die den Drehpunkt darstellt. In den Pappbecher legst du das Geschoss.

Wenn du die obere Leiste herunterziehst, wendest du dafür Muskelenergie auf. Diese Energie steckt dann als potenzielle Energie in der Feder der Klammer und entlädt sich beim Loslassen der Leiste. Sie wird damit zu kinetischer Energie, also Bewegungsenergie. Wurfarm und Geschoss bewegen sich rasch aufwärts, doch die Feder ist nur begrenzt beweglich, sodass der Arm abrupt stoppt.

Es ist ein Gesetz der Physik, dass ein sich bewegender Körper seine Bewegung beibehalten möchte, daher fliegt das Geschoss weiter in dem Winkel aufwärts, in dem es abgeschossen wurde. Schließlich holt die Schwerkraft es wieder zur Erde zurück. Den Weg, den es zurücklegt, nennt man Flugbahn.

PROJEKT 07

PROJEKTOR AUS PAPPE

Material

- Smartphone oder Tablet-Computer
- Schuhkarton (fürs Smartphone) oder größerer Karton (fürs Tablet)
- Lupe oder Vergrößerungsfolie
- Cutter
- Klebeband
- Kiste oder Tisch für den Projektor
- Weiße Wand oder Laken als »Leinwand«

Wichtige Hinweise

Dieses Projekt ist eher für ältere Kinder geeignet, die sicher mit dem Cutter umgehen können.

Der selbst gebaute Projektor liefert keine ultrascharfen Bilder, weil Mobilgeräte zu wenig Licht abgeben, aber so können Kinder Grundzüge der Physik kennenlernen und zugleich einen Film schauen.

Abb. 5: Viel Spaß beim Filmschauen!

DIESER FILMPROJEKTOR FÜR DEIN SMARTPHONE ODER TABLET IST AUS EINEM KARTON UND EINER LUPE GEBAUT.

Versuchsprotokoll

1. Stelle Helligkeit und Lautstärke deines Geräts auf das Maximum.

2. Lehne dein Smartphone oder Tablet im Karton an eine Innenwand, drücke es flach an und markiere auf der Pappe seinen oberen Rand.

3. Halte den oberen Rand der Lupe oder Vergrößerungsfolie an die Markierung, zeichne den Umriss der Lupe nach und schneide eine Öffnung in die Kartonwand, die ein bisschen kleiner ist als der Umriss. Schneide die Öffnung so, dass die Mitte deines Geräts, wenn du es an der gegenüberliegenden Innenwand aufstellst, mit der Mitte der Lupe oder Folie ungefähr eine Linie bildet. Vielleicht musst du die Linse aus der Lupe nehmen, um sie mittig anzubringen (Abb. 1).

4. Befestige die Linse mit Klebeband in der ausgeschnittenen Öffnung. Bei Vergrößerungsfolie muss die glatte Seite nach außen weisen (Abb. 2, 3).

5. Stelle das Hochformat auf deinem Smartphone fest ein, sodass das Bild nicht umspringt, und öffne zum Fokussieren ein Foto.

6. Teste den Projektor bei Dunkelheit oder in einem dunklen Raum. Stelle dein Gerät im Karton kopfüber an die Wand gegenüber der Linse.

7. Stelle den Projektor auf eine Kiste oder einen Tisch und fokussiere das Bild auf eine glatte weiße Fläche wie eine Wand oder ein aufgehängtes Laken. Welcher Abstand zwischen Projektor und Leinwand der richtige ist, hängt vom Abstand zwischen Gerät und Linse sowie von der Vergrößerung ab. Soll das Bild größer sein, stelle den Karton in größerem Abstand zur Leinwand auf und rücke das Gerät im Karton näher an die Linse heran, um scharf zu stellen. Vergiss nicht, dass das Gerät im 90-Grad-Winkel zum Boden des Kartons stehen muss (Abb. 4).

8. Ist das Bild scharf gestellt, starte den Film, fixiere das Gerät am Karton, schließe den Deckel oder decke den Karton mit einem Handtuch ab, damit kein Licht herausdringt. Und nun heißt es: Film ab (Abb. 5)!

Abb. 1: Schneide eine Öffnung für die Lupe oder Vergrößerungsfolie aus.

Abb. 2: Kartonprojektor mit Vergrößerungsfolie

Abb. 3: Schuhkartonprojektor mit Lupe

Abb. 4: Suche den richtigen Abstand für ein scharfes Bild.

Noch mehr Ideen

1. Kannst du einen besseren Projektor bauen? Wie beeinflusst die Kartongröße das Bild?

2. Was passiert mit dem Bild, wenn du eine zweite Linse einbaust?

3. Kannst du mit einem Laptop, der mehr Licht aussendet, ein noch größeres, schärferes Bild erzeugen?

Die Wissenschaft hinter dem Spass

Tritt das Licht aus dem Mobilgerät durch die Lupe, wird es abgebremst und abgelenkt; so entsteht ein identisches, aber auf dem Kopf stehendes Bild an einem Brennpunkt (Fokus) jenseits der Linse. Man bezeichnet dies auch als Brechung oder Refraktion.

Licht bewegt sich in gerader Linie von seiner Quelle fort, verändert aber seine Geschwindigkeit und Richtung, wenn es in ein neues Medium (wie eine Linse) tritt. Form und Dicke der Linse bestimmen, wie und wo sie die Lichtwellen im Brennpunkt zusammenlenkt. Linsen sollen das Licht so brechen, dass Bilder auf bestimmte Weise fokussiert werden. Bei Brillen, Teleskopen und Mikroskopen verschaffen sie uns eine bessere Sicht auf die Dinge.

Stelle den Abstand zwischen Gerät, Linse und Projektionsfläche sorgfältig ein, damit ein scharfes Bild entsteht. Da die Linse das Bild umkehrt, muss das Gerät auf dem Kopf stehen, sonst läuft der Film verkehrt herum. Auch die Linsen in unseren Augen kehren das Bild um, aber unser Gehirn korrigiert unsere Wahrnehmung, sodass wir es nicht bemerken.

PROJEKT 08

STRUMPFZENTRIFUGE

Material

- 4 Becher Wackelpudding (etwa 120 g) in zwei verschiedenen Farben
- 20 Murmeln
- Klebeband
- 2 Strümpfe
- Kräftige Schnur, 120 cm lang
- Öffnung und Hals einer 2-l-Flasche, mit der Schere abgeschnitten, oder ein kurzes Plastikrohr mit 2 cm Durchmesser als Griff

Wichtige Tipps

Vorsicht, Murmeln stellen für kleine Kinder eine Erstickungsgefahr dar!

Wenn du keine Schnur hast, stecke die Becher einfach in einen Kniestrumpf und schwinge ihn im Kreis. Diese Methode ist auch geeigneter für kleine Kinder.

Den Wackelpudding nicht essen.

EXPERIMENTIERE MIT DER ZENTRIPETALKRAFT, INDEM DU SOCKEN KREISEN LÄSST.

Abb. 3: Schwinge den Strumpf mit den Wackelpuddingbechern über dem Kopf im Kreis.

Versuchsprotokoll

1. Entferne die Deckel von den Bechern mit Wackelpudding.

2. Nimm zwei Becher derselben Farbe und bedecke sie möglichst vollständig mit einer Schicht Murmeln. Murmeln nicht in den Pudding drücken! (Abb. 1)

3. Stelle die beiden anderen Becher mit Wackelpudding umgedreht auf die mit den Murmeln, die Öffnungen liegen nun aufeinander. Klebe die Becher in der Mitte mit einem schmalen Klebeband zusammen, sodass du die Murmeln noch sehen kannst (Abb. 2).

4. Stecke die zusammengeklebten Wackelpuddingbecher so in die Strümpfe, dass sich jeweils dieselbe Farbe an der Spitze des Strumpfes befindet. Notiere dir, welche Farbe am Zehenende ist.

5. Stecke die Schnur durch den Griff (Flaschenhals oder Röhre) und knote je einen Strumpf fest an die Enden der Schnur.

6. Lass einen Strumpf auf dem Boden und greife mit der rechten Hand den Griff. Halte die Schnur unterhalb davon gut mit der linken Hand fest.

7. Stelle dich aufrecht hin und schwinge den Griff im Kreis über dem Kopf, sodass der Strumpf ebenfalls im Kreis fliegt. Mit der linken Hand kontrollierst du die Zentrifuge. Die Schnur in deiner linken Hand zieht nach oben, wenn du kräftiger schwingst.

Abb. 1: Bedecke den Wackelpudding mit Murmeln.

Abb. 2: Stülpe einen Becher auf den mit den Murmeln und klebe beide Becher aneinander.

Abb. 4: Keine Schnur zur Hand? Nimm einfach einen Kniestrumpf.

Abb. 5: Was ist mit den Murmeln passiert?

8. Schwinge den Strumpf noch stärker und lass ihn so oft wie möglich über deinem Kopf kreisen. Mach eine Pause, wenn nötig, aber versuche, die Wackelpuddingbecher dabei nicht auf den Boden plumpsen zu lassen (Abb. 3, 4).

9. Nimm die Becher aus den Strümpfen und betrachte die Murmeln (Abb. 5).

Noch mehr Ideen

1. Was geschieht, wenn du das Gewicht im unteren Strumpf erhöhst? Wie viel Gewicht musst du hinzufügen, um den oberen Strumpf langsam schwingen zu können, ohne mit der linken Hand festzuhalten?

2. Verdünne den Wackelpudding stufenweise und prüfe, wie Murmeln unterschiedlicher Größe in der Zentrifuge durch die unterschiedlichen Schichten wandern. Der festeste Pudding sollte sich am Boden des Bechers befinden.

Die Wissenschaft hinter dem Spass

Wenn du den Strumpf kräftig genug im Kreis geschwungen hast, wirst du feststellen, dass die Murmeln in Richtung auf die Strumpfspitze in den Pudding gewandert sind.

In einer scharfen Kurve halten die Reifen unser Auto mit Reibungskräften auf der Straße. Bei diesem Projekt ist die Schnur die Kraft, die den Strumpf mit seinem schweren Inhalt auf der Kreisbahn hält. Ohne Schnur würde das Ganze in gerader Linie davonfliegen!

Im Strumpf hält der Wackelpudding die Murmeln auf der Kreisbahn. Die Murmeln haben jedoch eine größere Dichte als der Pudding; wenn du den Strumpf stark genug schleuderst, kann der Pudding die Murmeln nicht auf der Kreisbahn halten – sie wandern nach außen.

Je schneller du den Strumpf schleuderst, desto mehr Kraft braucht es, ihn auf der Kreisbahn zu halten. Die Schnur, die du in der linken Hand hältst, stellt die nötige Kraft dar, um den Strumpf am Davonfliegen zu hindern. Du kannst spüren, wie sie nach oben gezogen wird, wenn du den Strumpf schneller und in größeren Kreisen schwingst.

PROJEKT 09

DER BERNOULLI-EFFEKT

MATERIAL

- → Schere
- → Mehrere dünne Plastiktüten
- → Klebepunkte oder doppelseitiges Klebeband

WICHTIGE HINWEISE

Kleine Kinder mit Plastiktüten nicht unbeaufsichtigt lassen!

BLASE EINEN SCHLAUCH AUS PLASTIKTÜTEN WIE VON ZAUBERHAND MIT NUR EINEM ATEMZUG AUF.

Abb. 4: Halte den Schlauch 8–10 cm von deinem Mund entfernt und puste ihn mit einem dünnen Luftstrom auf.

VERSUCHSPROTOKOLL

1. Klebe ein paar aufgeschnittene Plastiktüten zu einem Schlauch zusammen (Abb. 1).

2. Der Schlauch sollte ungefähr 1,20 m lang und am Ende geschlossen sein (Abb. 2).

Abb. 1: Schneide dir mehrere dünne Plastiktüten passend zurecht.

Abb. 2: Klebe sie zu einem langen Schlauch zusammen.

Abb. 3: Setze den Schlauch an den Mund und puste ihn wie eine Papiertüte auf.

3. Puste den Schlauch wie eine Papiertüte auf, bis er schön mit Luft gefüllt ist, und zähle, wie oft du dafür Luft holen musst (Abb. 3).

4. Jetzt lass ein anderes Kind den Schlauch am Ende fassen, während du die Öffnung des Schlauchs ein paar Zentimeter vor den Mund hältst, einmal tief Luft holst und langsam und gleichmäßig hineinpustest. Wenn alles klappt, lässt sich der Schlauch so mit nur einem Atemzug aufblasen (Abb. 4).

Noch mehr Ideen

Denke dir noch andere Experimente aus, die den Bernoulli-Effekt demonstrieren.

Die Wissenschaft hinter dem Spass

Wenn du ein Papierstück von etwa 5 x 12 cm Größe direkt unter deine Unterlippe hältst und dann pustest, hebt es sich an. Der Wissenschaftler Daniel Bernoulli beschäftigte sich mit Flüssigkeiten und Gasen. Er formulierte ein Prinzip, demzufolge der Druck in sich bewegenden Flüssigkeiten und Gasen dort geringer ist, wo sie sich schneller bewegen.

Wenn du auf das Papierstück pustest, wird der Druck in dem durch das Pusten erzeugten Luftstrom verringert. Der Druck unterhalb des Papiers ist demnach höher und schiebt das Papier nach oben. Dasselbe Prinzip erklärt den Auftrieb unter den Tragflächen eines Flugzeugs.

Bei diesem Projekt bläst du einen Schlauch aus dünnen Plastiktüten auf, indem du einen Luftstrahl in die zur Außenluft hin offene Öffnung pustest. Bernoullis Prinzip zufolge geschieht dies, weil der Druck durch dein Pusten abfällt und Außenluft in den Tütenschlauch strömt, um den geringeren Druck rund um den von dir erzeugten Luftstrom auszugleichen.

KAPITEL 03

KLEINGETIER IM VISIER

REIN ZAHLENMÄSSIG BEHERRSCHEN DIE WIRBELLOSEN TIERE DIE ERDE. Diese wundersamen Wesen, die die Biologen auch mit dem Fachbegriff »Invertebraten« bezeichnen, stellen weit über 90 Prozent der bisher bekannten Tierarten unseres Planeten. Zu ihnen zählen nicht nur Insekten und Spinnen, sondern auch Tiere wie Schnecken, Würmer und Einzeller (Protozoa).

Manche Wirbellose sind so klein, dass man sie nur unter dem Mikroskop sehen kann. Andere, wie die riesigen Bartwürmer, die neben den giftigen Schwarzen Rauchern (heißen Quellen) in der Tiefsee leben, können mehr als zwei Meter lang werden.

Es gibt viele Experimente, die uns Wissen über die Wirbellosen vermitteln. Man kann die Arten der Tiere bestimmen, ihr Verhalten beobachten und sie sogar an die Oberfläche holen, um sie näher zu betrachten. Du wirst staunen!

In diesem Kapitel lernst du, wie man ein Asselhotel baut, Arthropoden einfängt, Strudelwürmer angelt und Regenwürmern »Beine macht«.

PROJEKT 10

ASSELHOTEL

Material

- 10–20 Asseln (z. B. Mauer-, Keller- oder Rollasseln)
- Einmachglas oder anderer Behälter für die Asseln
- Rechteckiger Plastikbehälter und ein Stück Pappe oder zwei Halbliter-Milchkartons
- Schere und/oder Cutter
- Klebe- oder Kreppband
- Küchenkrepp oder Erde
- Dunkles Bastelpapier

Wichtige Hinweise

Beim Schneiden mit dem Cutter sollte ein Erwachsener helfen.

Führe dieses Projekt nicht mit Spinnen oder Insekten durch, die beißen oder stechen können. Sollte es in deiner Region Giftschlangen wie etwa Kreuzottern geben, sei beim Nachsehen unter Steinen und Holz besonders vorsichtig.

WELCHEN DER VON DIR GEBAUTEN MIKROLEBENSRÄUME SUCHEN SICH DIE KLEINEN KRABBLER AUS?

Abb. 5: Beobachte, wie sich die Asseln verhalten.

Versuchsprotokoll

1. Suche unter Steinen und Holz nach Asseln und sammle einige ein. Sie sind etwa 6–12 mm groß, haben sieben Beinpaare und einen gegliederten Körper wie eine Rüstung. Rollasseln können sich bei Gefahr komplett einrollen (Abb. 1, 2).

2. Schneide ein Stück Pappe so zu, dass du den Plastikbehälter damit in zwei Fächer teilen kannst. Unten solltest du eine niedrige, 5 cm breite Öffnung hineinschneiden, damit die Asseln hindurchkrabbeln können. Gut festkleben (Abb. 3). Wenn du Milchkartons benutzt, schneide den oberen Teil ab, sodass ein ungefähr 10 cm hoher Rand stehen bleibt. Schneide eine identische Öffnung in etwa 1 cm Höhe in je eine Seitenwand der Kartons. Klebe die Kartons an diesen Seiten zusammen, sodass ein Durchgang zwischen den Abteilen entsteht (Abb. 4).

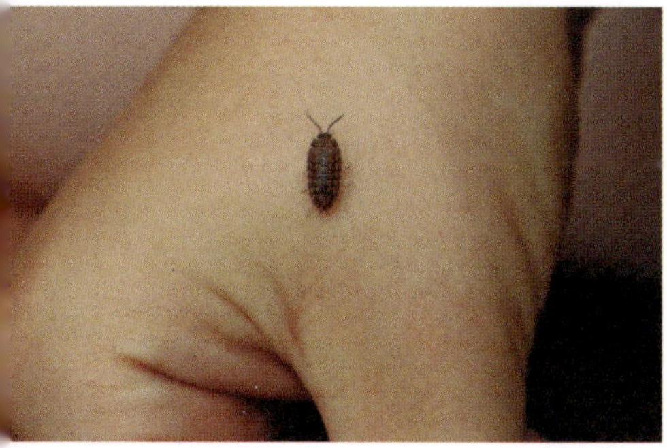

Abb. 1: Sammle Asseln ein.

Abb. 2: Suche unter Steinen und Holz.

Abb. 3: Errichte ein Asselhotel in einem Plastikbehälter …

Abb. 4: … oder aus zwei zusammengeklebten Milchkartons.

3. Lege ein Abteil mit feuchtem Küchenkrepp oder feuchter Erde aus und das andere mit trockenem Küchenkrepp oder trockener Erde. Die Asseln müssen noch gut hin- und herkrabbeln können.

4. Setze in jedes Abteil die gleiche Anzahl Asseln und beobachte sie ungefähr eine Stunde lang. Notiere alle 15 Minuten, wie viele Asseln sich in dem feuchten und wie viele in dem trockenen Abteil aufhalten (Abb. 5).

5. Wiederhole das Experiment und verdunkle dabei ein Abteil mit dem Bastelpapier; das andere Abteil bleibt hell. Setze wieder die gleiche Anzahl Asseln in jedes Abteil und beobachte, welches sie bevorzugen.

6. Setze die Asseln dort wieder aus, wo du sie gefunden hast.

Noch mehr Ideen

Richte weitere Mikrolebensräume für die Asseln ein und beobachte, welche Nahrung die Tiere bevorzugen und in welchem Lebensraum sie sich am wohlsten fühlen.

Die Wissenschaft hinter dem Spass

Jedes Tier hat einen bevorzugten Lebensraum. Ob in einem Gewässer, wo die Atmung mit Kiemen erfolgt, oder in einer sehr kalten Umgebung, wo Frostschutzproteine im Blut das Überleben sichern – jedes Tier besetzt in der Natur seine eigene ökologische Nische, in der es sich wohlfühlt.

Mit dem Begriff »Mikrolebensraum« wird ein kleines Areal bezeichnet, in dem ganz bestimmte Bedingungen herrschen. So kann sich etwa so ein Mikrolebensraum unter einem Stein in einem Wald befinden. Dort ist es in der Regel kühl und feucht, unter dem Stein liegt Erde, und rundherum sammelt sich zerfallendes organisches Material.

In der zoologischen Systematik, die die Verwandtschaftsverhältnisse von Tieren offenlegt, gehören die Asseln zu den Krebstieren: Sie alle besitzen ein hartes Außenskelett. Damit sich diese Tiere in ihrer festen »Rüstung« bewegen können, brauchen sie einen gegliederten Körper und Beine mit Gelenken (Gliederfüße). Landasseln leben als einzige Krebstiere dauerhaft an Land, aber wie die Krebse im Meer haben sie Kiemen und brauchen Feuchtigkeit zum Atmen. In diesem Projekt suchen sie wahrscheinlich eher die feuchte Umgebung auf.

PROJEKT 11 ARTHROPODEN IM NETZ

Material

→ Schmetterlingsnetz oder Baumaterial dafür: Zange, zwei Drahtkleiderbügel, Schere, ein alter, heller Kissenbezug, Klebeband und Besenstiel oder Stab

→ Laken oder sonstiges großes Stück Stoff

→ Gläser

→ Insektenbestimmungsbücher (wahlweise)

Wichtige Hinweise

Nimm keine Insekten einfach so in die Hand, wenn du nicht weißt, ob sie beißen oder stechen können.

Zecken lieben hohes Gras. Trage daher lange Ärmel und lange Hosen und suche dich hinterher gründlich nach Zecken ab.

SAMMLE UND BESTIMME INTERESSANTE GLIEDERFÜSSER MIT EINEM SELBST GEBAUTEN FANGNETZ.

Abb. 3: Streiche mit deinem Fangnetz über Gras und andere Pflanzen, so gehen dir die Tiere ins Netz.

Versuchsprotokoll

1. Wenn du kein Schmetterlingsnetz hast, baue dir einfach selbst eines. Biege mit einer Zange zwei Kleiderbügel aus Draht auf und verdrehe sie miteinander. Biege sie zu einem Kreis und lass an jedem Ende etwa acht Zentimeter gerade. Schneide etwa ein Drittel vom offenen Ende des Kissenbezugs ab und ziehe die Öffnung des Bezugs über den Drahtring; das gerade Endstück bleibt frei. Klebe den Bezug fest an den Ring. Das gerade Stück der Halterung klebst du nun an einen Besenstiel oder anderen Stab (Abb. 1).

2. Streiche mit dem Netz so über eine Wiese oder ein Feld mit langem Gras und anderen Pflanzen, als wenn du einen Boden aufwischen würdest, aber wende dabei die offene Seite des Keschers hin und her, damit sich Insekten im Netz fangen (Abb. 2, 3).

3. Verschließe das Fangnetz, indem du die Öffnung nach unten klappst, und trage es zum Laken.

Abb. 1: Aus Drahtbügeln und einem Kissenbezug lässt sich ein prima Kescher bauen.

Abb. 2: Los geht's!

Abb. 4: Stecke deinen Fang in Gläser und betrachte ihn darin ganz genau.

Abb. 5: Versuche zu bestimmen, welche Arten du gefangen hast.

4. Entlasse die Tiere vorsichtig auf das Laken und schaue sie dir an. Willst du ein Insekt genauer betrachten, setze es mit einem Blatt oder Zweig in ein Glas mit lose aufliegendem Deckel (Abb. 4).

5. Zähle die Beine und Körpersegmente der Tiere und betrachte ihre Antennen, Flügel und Farben. Notiere alles in deinem Notizbuch.

6. Benutze Bestimmungsbücher und dergleichen, um deinen Fang einzuordnen (Abb. 5).

7. Führe ein Tagebuch über die Insekten und Spinnentiere, die du gefangen hast, und notiere z. B. die Tageszeit und den Fundort.

8. Lass alle Tiere an Ort und Stelle wieder frei.

Noch mehr Ideen

1. Streiche mit dem Netz zu verschiedenen Tageszeiten über dieselbe Fläche. Wie verändert sich der Fang?

2. Vergleiche die Insektenarten aus verschiedenen Lebensräumen, beispielsweise Wiese oder Feuchtgebiet.

Die Wissenschaft hinter dem Spass

Die Arthropoden oder Gliederfüßer sind eine riesengroße Tiergruppe, zu der die Insekten, die Spinnentiere, die Krebstiere und die Tausendfüßer gehören. Alle Gliederfüßer haben ein Außenskelett mit einer festen Außenhülle (Exoskelett), einen gegliederten Körper und gegliederte Beine.

Bei deiner Fangaktion werden dir sicher etliche Insekten ins Netz gehen. Insekten haben sechs Beine und meist Flügel. Sie entwickeln sich vom Ei über die Larve bis zum adulten (ausgewachsenen) Tier. Manche Insekten wie die Schmetterlinge durchlaufen eine umfangreiche Metamorphose (Umwandlung). Aus dem Ei schlüpft eine Raupe, die sich irgendwann verpuppt. Im Puppenstadium wandelt sich der Körper in den fertigen Schmetterling um. Die Antennen oder Fühler dienen den Schmetterlingen als Sinnesorgane.

Vermutlich gehen dir auch Spinnentiere ins Netz, zu denen auch Weberknechte, Zecken und Skorpione gezählt werden. Alle Spinnentiere haben acht gegliederte Beine und ein Exoskelett. Ihr Körper hat nur zwei Segmente, Antennen und Flügel fehlen. Das vorderste Beinpaar dient der Futteraufnahme und der Verteidigung.

PROJEKT 12

AUF DER PIRSCH NACH STRUDELWÜRMERN

Material

- → Messer zum Zerschneiden von Fleisch
- → Rohes Fleisch, z. B. Steak oder Leber
- → Schnur oder Angelschnur mit (wahlweise) Haken
- → Bleigewicht oder Stein
- → Sammelbehälter, z. B. Glas
- → Lupe
- → Mikroskop mit Petrischale oder Objektträgern (wahlweise)

Wichtige Hinweise

Kleine Kinder am Wasser nie unbeaufsichtigt lassen!

Nach dem Umgang mit rohem Fleisch stets die Hände waschen.

Wenn keine Strudelwürmer »anbeißen«, hältst du unter großen, flachen Steinen in sauberem, ruhigem Wasser nach ihnen Ausschau. Wische sie mit einem Pinsel in deinen Wasserbehälter.

FANGE UND BEOBACHTE DIE FASZINIERENDEN PLATT WÜRMER.

Abb. 4: Beobachte das Verhalten der Strudelwürmer.

Versuchsprotokoll

1. Suche eine Stelle an einem Teich, See oder Bach, an der du Strudelwürmer (Planarien) vermutest. Sie bevorzugen Schatten und ruhiges, sauberes Wasser. Oft verbergen sie sich unter Stegen oder Seerosenblättern und in der Nähe von flachen Steinen und Kies. Sie sind vor allem nachts aktiv.

2. Binde münzgroße Fleischstückchen an lange Schnüre oder spieße sie auf Angelhaken. Befestige ei Bleigewicht nahe dem Fleisch oder binde einen Stein an die Schnur (Abb. 1).

Abb. 1: Binde Fleisch an eine Schnur.

3. Wirf den Köder ins Wasser und warte fünf bis zehn Minuten ab. Du kannst währenddessen an anderen Stellen und in unterschiedlichen Tiefen weitere Köder auslegen.

4. Fülle einen Behälter mit Wasser aus dem Gewässer, in dem du angelst.

5. Ist die Zeit um, ziehe den Strudelwurmköder langsam herauf und versenke ihn in dem Wasser in deinem Behälter (Abb. 2).

6. Suche mit einer Lupe nach Strudelwürmern am Köder. Sie haben einen weichen, nicht segmentierten, flachen Körper und einen pfeilförmigen Kopf. Findest du keine Würmer, versenke den Köder wieder im Wasser und schau nach drei bis vier Stunden noch einmal nach (Abb. 3).

7. Beobachte die gefangenen Strudelwürmer mit der Lupe und unter dem Mikroskop, wenn du eines hast. Zeichne einen Wurm in dein Notizbuch und mach dir Notizen zu seinem Verhalten (Abb. 4).

8. Lass die Strudelwürmer wieder an derselben Stelle frei, an der du sie aus dem Wasser gezogen hast.

Abb. 2: Ziehe den Köder aus dem Wasser und lege ihn in ein Glas.

Abb. 3: Suche mit der Lupe nach Strudelwürmern.

Noch mehr Ideen

1. Wie reagieren Planarien auf Licht?

2. Versorge deine Strudelwürmer mit Fischfutter und wechsle regelmäßig das Wasser. Sie haben es gern kühl. Chlor ist für sie tödlich, also benutze stilles Mineralwasser oder hole Wasser von der Fangstelle.

Die Wissenschaft hinter dem Spass

Planarien oder Strudelwürmer gehören zur Gruppe der Plattwürmer und haben eine unglaubliche Regenerationsfähigkeit. Wird der Wurm in der Mitte oder an einer anderen Stelle zerteilt, wächst dem Kopfende ein neuer Schwanz und dem Schwanz ein neuer Kopf, sodass es dann zwei Würmer sind.

Strudelwürmer haben ein sehr einfaches Nervensystem, und die meisten ihrer Sinnesorgane sitzen in Kopfnähe. Mit der Lupe kannst du auffallende Augenflecken erkennen. Dabei handelt es sich nicht um echte Augen, sondern um sogenannte Photorezeptoren, mit denen die Tiere Licht wahrnehmen können.

Strudelwürmer nehmen über die Mundöffnung an der Körperunterseite Nahrung auf; ihr Darm endet blind, sie haben also keinen After. Sie ernähren sich von zerfallenden Organismen und kleinen Wirbellosen, daher kann man sie gut mit Fleisch ködern.

PROJEKT 13

REGENWÜRMER AUF DER FLUCHT

Material

- Etwa 50 g Senfpulver
- Etwa 4 l Wasser
- Leerer Krug, Eimer oder großer Behälter
- Schnur und Stöcke oder Stäbe
- Behälter für die Regenwürmer

Wichtige Hinweise

Senfwasser nicht in die Augen gelangen lassen – es brennt!

Wir haben die meisten Regenwürmer auf Grasflächen gefangen.

MIT WASSER UND SENFPULVER KANNST DU REGENWÜRMER AN DIE OBERFLÄCHE TREIBEN, UM SIE EINZUSAMMELN UND ZU BEOBACHTEN

Abb. 4: Beobachte das Verhalten der Regenwürmer.

Versuchsprotokoll

1. Gib das Senfpulver zum Wasser in dem großen Behälter und rühre um, bis sich das Pulver komplett gelöst hat (Abb. 1).

2. Stecke eine etwa 30 x 30 cm große Fläche ab.

3. Gieße etwa die Hälfte des Senf-Wasser-Gemischs in diesem Quadrat auf die Erde (Abb. 2).

Abb. 1: Verrühre das Senfpulver mit dem Wasser.

Abb. 2: Gieße das Senf-Wasser-Gemisch auf den Boden.

Abb. 3: Sammle die Würmer ein, wenn sie aus dem Boden kommen.

4. Warte ab, ob Regenwürmer herauskommen. Sind sie ganz aus der Erde gekrochen, nimm sie und setze sie in einen Behälter (Abb. 3).

5. Kommen keine Regenwürmer mehr, gieße den Rest Senfwasser auf das Stückchen Erde und warte ab, ob eine zweite Riege Regenwürmer aus tieferen Erdschichten emporkriecht.

6. Beobachte die Regenwürmer (Abb. 4). und setze die Regenwürmer nach deinen Beobachtungen wieder zurück auf den Boden bzw. belasse sie dort.

Noch mehr Ideen

1. Stecke mehrere Flächen in unterschiedlichen Biotopen ab und beobachte, wie viele Regenwürmer du jeweils fängst.

2. Bestimme die gefundenen Wurmarten.

Die Wissenschaft hinter dem Spass

Regenwürmer sind wertvolle Bodenverbesserer. In Mitteleuropa gibt es rund 50 Regenwurmarten; der häufigste ist der Gemeine Regenwurm oder Tauwurm, der mit wissenschaftlichem Namen *Lumbricus terrestris* heißt. Sein Verwandter, der Rote Waldregenwurm, wurde vor längerer Zeit nach Nordamerika (wo es zuvor keine Regenwürmer gab) eingeschleppt und stellt dort für Laubwälder manchmal ein Problem dar, weil er die vor Kälte schützende Laubschicht zersetzt.

In den USA ist inzwischen noch eine weitere fremde Wurmgattung aufgetaucht. Asiatische Regenwurmarten der Gattung *Amynthas* pflanzen sich rasant fort und verursachen massive Schäden in Wäldern. Auch in Mitteleuropa leben teilweise eingeschleppte Regenwurmarten.

KAPITEL 04

CHEMISCHE SPIELEREIEN

BEIM STICHWORT »CHEMIE« DENKEN WIR UNWEIGERLICH AN EIN LABOR, ABER CHEMISCHE REAKTIONEN LASSEN SICH ÜBERALL HERBEIFÜHREN. Nimm dir die für diese Experimente benötigten Chemikalien mit nach draußen, dann ist es auch nicht so schlimm, wenn einmal etwas danebengehen sollte.

Der Gartentisch wird zur Labor-Werkbank. Hier kannst du die sogenannte Sphärisierung ausprobieren, die in der Molekularküche Anwendung findet: Du produzierst bunte Superkugeln. Oder du rührst aus Kokosöl, Bienenwachs und Backaroma einen pflegenden Lippenbalsam an, den du an einem Verkaufsstand im Vorgarten deinen Freunden anbietest.

Ihr könnt euch gemeinsam an den Riesenseifenblasen versuchen und dabei gleichzeitig etwas über die Oberflächenspannung von Wassermolekülen lernen. Oder ihr versetzt euch zurück in die Zeit von Michelangelo und malt bunte Fresken auf den Bürgersteig – mit Maisstärke, Wasser und Lebensmittelfarbe. Echte Fresken, wie die des italienischen Künstlers, sind auf feuchten Putz gemalt und können dank einer chemischen Reaktion jahrtausendelang bestehen. Eure Maisstärkefresken dagegen lassen sich ganz leicht mit Wasser aus dem Gartenschlauch wieder wegspülen.

PROJEKT 14

GLIBBERSCHLEIM

Material

- 3 EL gemahlene Flohsamenschalen
- 220 ml Wasser
- Lebensmittelfarbe
- Holzstäbchen
- Behälter (Flasche, Schale oder Schüssel)
- Papiertrichter (wahlweise)

Wichtige Hinweise

Flohsamenschalen erhältst du in der Apotheke, im Drogeriemarkt oder im Reformhaus.

AUS FLOHSAMENSCHALEN KANNST DU GLIBBRIGEN SCHLEIM GANZ LEICHT SELBST HERSTELLEN.

Abb. 4: Mit dem Glibberschleim kannst du prima spielen.

Versuchsprotokoll

1. Gib die Flohsamenschalen in einen Behälter, z. B. eine Flasche, Schale oder Schüssel. Hast du dich für eine Flasche entschieden, brauchst du auch noch einen Papiertrichter, der dir dabei hilft, die Flohsamenschalen vollständig in die Flasche rieseln zu lassen (Abb. 1).

Abb. 1: Gib die Flohsamenschalen in einen Behälter, z.B. eine Flasche, und gieße Wasser dazu.

Abb. 2: Färbe deinen Schleim mit Lebensmittelfarbe ein.

2. Füge das Wasser hinzu und schüttle die Flasche bzw. rühre das Gemisch in deiner Schale oder Schüssel mit einem Holzstäbchen um.

3. Lass das Gemisch ca. 15–20 Minuten stehen und schau zu, was passiert. Wie verändert sich die Konsistenz?

4. Nach der Ruhezeit von 15–20 Minuten kannst du noch Lebensmittelfarbe in deinen Behälter geben, damit dein Schleim Farbe bekommt (Abb. 2).

5. Ist der Schleim fertig aufgequollen, drückst du ihn aus der Flasche (Abb. 3) oder nimmst ihn aus der Schale oder Schüssel heraus.

6. Je nach dem Mischverhältnis von Flohsamenschalen und Wasser ist der Glibberschleim etwas flüssiger oder etwas fester. Jetzt ist er fertig, und du kannst mit ihm spielen (Abb. 4).

Abb. 3: Drücke den Schleim aus der Flasche.

Noch mehr Ideen

1. Gib mal mehr, mal weniger Flohsamenschalen zu der Menge Wasser und beobachte, was geschieht. Welche Konsistenz hat dein Schleim?

2. Lass deinen Schleim einige Tage stehen – verändert er sich dadurch?

Die Wissenschaft hinter dem Spass

Flohsamen sind die Samen der Pflanze *Plantago ovata*, die hauptsächlich in Indien und Pakistan angebaut wird. Man kann die Samen essen, und sie gelten sogar als Heilmittel bei Darmbeschwerden, wie beispielsweise Verstopfung.

Flohsamenschalen enthalten besonders viele pflanzliche Ballaststoffe, die sogenannten Flosine-Schleimpolysaccharide. Sie sind in der Lage, mehr als das 40-Fache an Wasser zu binden. Kommen sie eine längere Zeit mit Wasser in Berührung, erhalten sie – wie der Name schon verrät – eine schleimige Konsistenz. Ferner beinhalten Flohsamenschalen auch eine hohe Anzahl an schleimbildenden Stoffen.

PROJEKT 15

RIESIGE SEIFENBLASEN

Material

- Etwa 150 cm Schnur (Baumwoll-Küchengarn)
- 2 jeweils 30–90 cm lange Stäbe
- Unterlegscheiben aus Metall
- 1,5 l destilliertes oder demineralisiertes Wasser
- 70 g Maisstärke
- 1 EL (15 g) Backpulver
- 1 EL (20 g) Glyzerin (ersatzweise Maissirup)
- Etwa 125 ml blaues Spülmittel
- Flache Schale für die Lösung

Wichtige Hinweise

Halte dich an die Zutatenliste, dann klappt es am besten.

Dieses Projekt gelingt am zuverlässigsten bei feuchtem, nicht zu windigem Wetter.

MISCHE DIR EINE SEIFENLÖSUNG, MIT DER DU RIESENBLASEN ERZEUGEN KANNST.

Versuchsprotokoll

1. Knote ein Ende der Schnur an das Ende eines Stabes. Fädle eine Unterlegscheibe auf die Schnur und knote diese so am Ende des anderen Stabes fest, dass zwischen den Stäben etwa 90 cm Schnur sind und die Unterlegscheibe in der Mitte baumelt. Das rund 50 cm lange freie Ende knotest du wieder an den ersten Stock, sodass die Schnur ein Dreieck bildet (Abb. 1).

2. Vermische Wasser und Maisstärke. Gib die übrigen Zutaten hinzu und verrühre alles gut miteinander, ohne Schaum zu schlagen (Abb. 2). Wahlweise kannst du die Lösung eine Stunde ziehen lassen und sie vor Gebrauch noch einmal sanft umrühren.

3. Halte die Stäbe parallel, wobei die Unterlegscheibe zwischen ihnen herabhängt, und tauche die Schnur komplett in die Schale mit Seifenlösung (Abb. 3).

4. Hebe die Schnur vorsichtig aus der Lösung und ziehe die Stäbe langsam auseinander, sodass die Schnur ein Dreieck bildet, in dem sich eine dünne Schicht Seifenblasenmischung aufspannt.

5. Gehe rückwärts oder puste Seifenblasen. Du kannst die Blasen schließen, indem du die Stäbe zueinander führst und so das Schnurdreieck verschließt (Abb. 4).

ᴧbb. 1: Baue aus Stäben, Schnur und einer
Interlegscheibe einen Blasring.

Abb. 2: Mische deine Seifenblasenlösung an.

ᴧbb. 3: Tauche die Schnur des Blasrings in die
ösung.

Abb. 4: Jetzt kannst du Riesenseifenblasen entstehen lassen!

Noch mehr Ideen

. Welche anderen Substanzen könntest du zur
eifenblasenmischung geben, damit sie nicht
o schnell verdunstet?

. Baue Seifenblasenringe mit längerer oder
ürzerer Schnur. Was für Blasen entstehen?

. Probiere verschiedene Rezepte aus – gelin-
en die Blasen damit vielleicht besser? Eignen
ich auch andere Spülmittel?

4. Kannst du (z. B. mit Minzöl) duftende Seifenblasen herstellen, oder verträgt sich das nicht mit der Seife?

5. Wie pustet man wohl eine Seifenblase in eine andere hinein?

6. Versuche, im Winter Seifenblasen aufzupusten. Halten sie länger? Fliegen sie besser als an warmen Tagen? Warum?

Die Wissenschaft hinter dem Spass

Auf Wassermoleküle wirkt an der Oberfläche eine besondere Kraft, die ihr eine gewisse Elastizität verleiht: die Oberflächenspannung. Tenside, wie sie z. B. in Reinigungsmitteln enthalten sind, haben an ihren Molekülen ein hydrophobes (»Wasser hassendes«) und ein hydrophiles (»Wasser liebendes«) Ende. Damit können sie die Oberflächenspannung des Wassers herabsetzen.

Wenn du Spülmittel zum Wasser gibst, kannst du dank der geringeren Oberflächenspannung eine luftgefüllte Seifenblase aus einer dünnen Wasserschicht zwischen zwei Schichten aus Tensidmolekülen aufpusten.

Seifenblasen bilden meist eine Kugelform. Der Luftdruck in einer geschlossenen Seifenblase ist etwas höher als der umgebende Luftdruck. Unter gleichzeitigem Einwirken der Oberflächenspannung ordnen sich die Moleküle so an, dass die Oberfläche möglichst gering ist. Die Kugel hat von allen dreidimensionalen Formen die kleinste Oberfläche. Andere Kräfte, wie ein Luftzug, können die Form der Blasen ebenfalls beeinflussen.

Die Dicke der Wasser-Seifen-Schicht variiert ständig, während das Wasser verdunstet und Lichtwellen aus allen Winkeln auf die Seifenschicht treffen, ein- oder mehrfach reflektiert werden und einander überlagern, sodass sie in allen Farben schillert. Lösungen wie Glyzerin und Maissirup verringern die Wasserverdunstung, sodass die Blasen länger halten.

PROJEKT 16

FRESKEN AUF DEM PFLASTER

Material

- Etwa 450 g Maisstärke (Speisestärke)
- Etwa 350 ml Wasser für bunte Fresken oder 350 ml Rotkohlsaft (siehe Hinweis) für Säure-Basen-Fresken
- Tablett oder Backblech (wahlweise)
- Natron und Essig für Säure-Basen-Fresken
- Lebensmittelfarbe für bunte Fresken
- Zahnstocher oder feine Pinsel
- Becher
- Teller als »Farbpalette«

Hinweis: Rotkohlsaft stellst du her, indem du einen halben Rotkohlkopf klein schneidest, mit Wasser bedeckst und fünf Minuten kochst. Kohlblätter danach sieben und das Wasser abtropfen lassen.

Wichtige Hinweise

Beim Zerschneiden und Kochen des Rotkohls sollte ein Erwachsener helfen.

Lebensmittelfarbe kann auf Beton Spuren hinterlassen.

MACH ES WIE MICHELANGELO UND ERSCHAFFE BUNTE KUNSTWERKE AUS MAISSTÄRKE UND WASSER.

Abb. 4: Mit Lebensmittelfarben wird dein Fresko bunt.

Versuchsprotokoll

1. Vermische Maisstärke mit Wasser oder Rotkohlsaft. Das kannst du mit den Händen machen. Die Mischung sieht aus wie Leim – es macht Spaß, damit herumzumatschen (Abb. 1, 2).

2. Gieße etwas von dem Stärkegemisch auf eine saubere, ebene Fläche auf dem Hof oder Bürgersteig oder wahlweise auf ein Tablett oder Backblech.

3. Wenn du das Stärkegemisch flach auf den Boden aufgestrichen hast, lässt du es am besten fünf bis zehn Minuten ruhen, bevor du es bemalst.

4. Willst du ein Säure-Basen-Fresko mit Rotkohlsaft anfertigen, füllst du in einen Becher Essig und in einen anderen ein paar Esslöffel (40–50 g) Natron, vermischt mit ungefähr 60 ml Wasser. Mithilfe von Zahnstochern und Pinseln kannst du mit der Natronlösung und dem Essig Muster auf der Maisstärke malen. Sollen die Fresken bunt sein, verwendest du für die Muster verschiedene Lebensmittelfarben (Abb. 3, 4).

Abb. 1: Vermische Maisstärke und Wasser.

Abb. 2: Die Mischung sieht aus wie Leim – herrlich zum Herummatschen!

5. Ist dein Fresko fertig, lässt du es trocknen. Was passiert dabei?
6. Wasche deine Fresken mit Wasser aus dem Gartenschlauch wieder vom Pflaster.

Abb. 3: Male mit Essig und Natron ein Rotkohlsaftfresko.

Noch mehr Ideen

1. Welche anderen Säuren und Basen aus dem Haushalt könntest du für ein Säure-Basen-Fresko benutzen?
2. Was passiert, wenn du den Untergrund für deine Fresken (die Maisstärkemischung) trocknen lässt, bevor du darauf malst?

Die Wissenschaft hinter dem Spass

Bei diesem Projekt geht es um die Technik des Malens auf einem feuchten, putzähnlichen Untergrund aus einem nichtnewtonschen Fluidum aus Maisstärke und Wasser. Der Begriff »nichtnewtonsch« bezieht sich darauf, dass sich die Masse beim Umrühren oder bei schneller Bewegung nicht so verhält, wie man es von einer Flüssigkeit erwarten würde, sondern eher wie ein Feststoff.

Malst du mit Lebensmittelfarben, werden die wasserlöslichen Farbpigmente – genauso wie bei einem echten Fresko – von der Maisstärkemischung aufgenommen. Sie dringen jedoch nicht besonders tief ein, da die Mischung sehr dickflüssig ist.

Beim Säure-Basen-Fresko wirst du feststellen, dass Essig (eine Säure) rosa Linien erzeugt, Natron (eine Base) dagegen blaue oder grüne. Der Farbstoff aus dem Rotkohl ist ein Säureindikator, der seine Struktur je nach dem pH-Wert verändert und dann das Licht unterschiedlich reflektiert. Das verändert seine Farbe.

PROJEKT 17

LIPPENBALSAM ZU VERKAUFEN!

VERWANDLE DEN VORGARTEN BEI DIR ZU HAUSE IN EIN KOSMETIKLABOR.

Material

- Mikrowellenfeste Schüssel
- Kokosöl
- Bienenwachs, in Kügelchen oder Spänen
- Backaroma
- Kleine Behälter für den Lippenbalsam, z. B. leere Kontaktlinsendosen
- Zahnstocher oder Eisstiele zum Umrühren

Wichtige Hinweise

Das Erhitzen und Umgießen sollte ein Erwachsener übernehmen oder überwachen – Verbrennungsgefahr!

Die Bienenwachs-Kokosöl-Lösung kann wieder erwärmt werden, falls sie hart wird, bevor du sie umgefüllt hast.

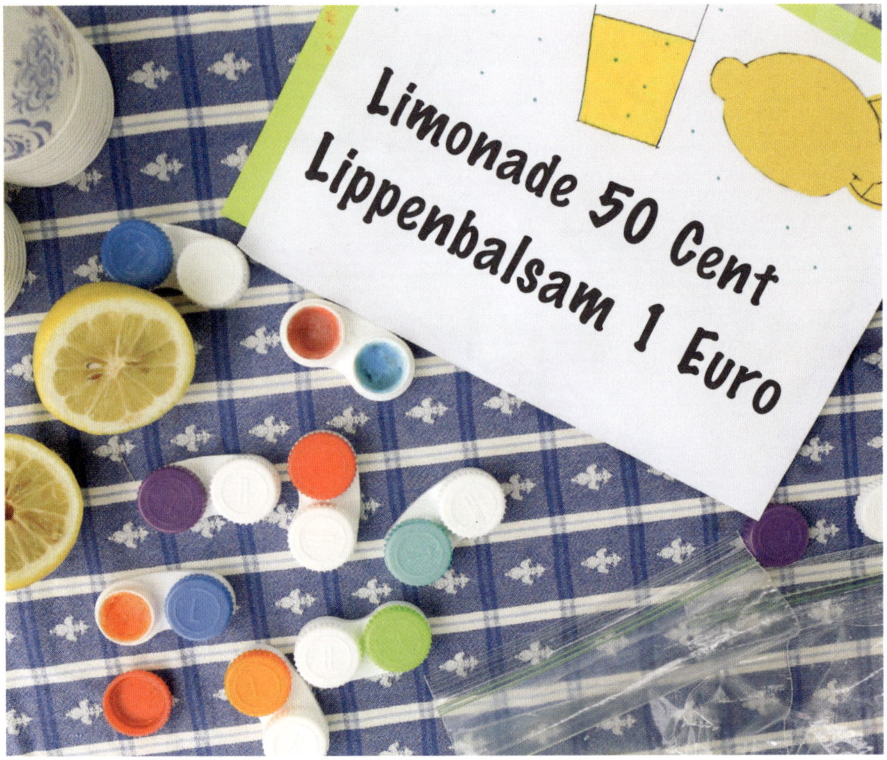

Abb. 4: Stelle Lippenbalsam fü deine Freunde h

Versuchsprotokoll

1. Mische in einer mikrowellenfesten Schüssel zwei Teile Kokosöl mit einem Teil Bienenwachs, z. B. acht Esslöffel (100 g) Kokosöl und vier Esslöffel (50 g) Wachs.

2. Erwärme die Mixtur in der Mikrowelle in 30-Sekunden-Abschnitten und rühre zwischendurch immer wieder um, bis das Wachs ganz geschmolzen und die Lösung klar ist (Abb. 1).

3. Lass die Mischung ein wenig abkühlen. Sollte sie trüb oder weiß werden, erwärmst du sie wieder.

4. Während die Mischung abkühlt, gibst du einen Tropfen Backaroma in die Lippenbalsambehälter.

Abb. 1: Schmelze Kokosöl und Bienenwachs.

Abb. 2: Gib jeweils einen Tropfen Backaroma in jeden Lippenbalsambehälter.

5. Gieße vorsichtig etwas von der warmen Kokosöl-Bienenwachs-Mischung in einen der kleinen Behälter und rühre mit einem Zahnstocher um. Soll der Balsam farbig sein, muss die Farbe eingerührt werden, bis der Mix zu einer glatten Salbe erstarrt ist. Wiederhole diesen Schritt, bis alle Lippenbalsam-Behälter gefüllt sind (Abb. 2).

6. Ist der Balsam komplett abgekühlt, glättest du die Oberfläche mit einem Eisstiel oder der Rückseite eines zuvor erwärmten, trockenen Löffels.

7. Probiere den Lippenbalsam aus. Du kannst ihn selbst verwenden, ihn an Freunde verschenken oder an einem Stand verkaufen, an dem du auch frische Limonade anbietest (Abb. 3, 4).

Abb. 3: Biete den Lippenbalsam im Sommer an einem Verkaufsstand vor eurem Haus an.

Noch mehr Ideen

Entwickle dein eigenes Lippenbalsamrezept. Überprüfe aber die Unbedenklichkeit aller weiteren Zutaten, die du verwendest, und beschrifte deinen Lippenbalsam für den Fall, dass er Allergene (Stoffe, die Allergien auslösen können) enthält.

Die Wissenschaft hinter dem Spass

Kosmetikkonzerne arbeiten fieberhaft daran, glatten, feuchtigkeitsspendenden Lippenbalsam und andere Kosmetika zu entwickeln, die gut aussehen, aber der Haut nicht schaden. Es ist schwierig, die Rezepturen ideal hinzubekommen, und oft müssen noch weitere Faktoren berücksichtigt werden, wie Kosten und Haltbarkeit.

Kokosöl ist eine Mischung aus Fetten und Ölen, die bei Raumtemperatur praktisch fest ist, aber auch leicht schmilzt. Bei dem hier hergestellten Lippenbalsam dient das Kokosöl als sogenanntes Emolliens. Ein Emolliens ist eine Substanz, die die Haut weich macht und natürliche Feuchtigkeit bindet.

Bienenwachs schmilzt erst bei deutlich höheren Temperaturen, ist aber bei Zimmertemperatur fest, sodass es den Lippenbalsam festigt. Da sich Öl und Wasser nicht gut vermischen lassen, musst du deine Aromen länger in die abkühlende Wachs-Öl-Mischung einrühren. So entsteht eine Mischung aus kleinsten Kügelchen, eine sogenannte Emulsion. Ist der Lippenbalsam abgekühlt, hält das Wachs die gesamte Lösung zusammen, sodass das Öl nicht austritt.

PROJEKT 18

SELBST GEMACHTE SUPERKUGELN

STELLE BUNTE GELKUGELN HER, DIE SCHRUMPFEN, WENN SIE TROCKNEN

Abb. 5: Lege einige Kugeln zum Trocknen auf einen Teller.

Material

- Ca. 500 ml Pflanzenöl in einem großen Gefäß (Krug oder Glas)
- Ca. 250 ml Wasser
- 5 Päckchen (à ca. 10 g) Gelatinepulver oder 3 EL (ca. 25 g) Agar-Agar-Pulver
- Topf oder mikrowellenfeste Schüssel
- Lebensmittelfarbe
- Zusammendrückbare Plastikflaschen

Wichtige Hinweise

Beim Erhitzen und Ausgießen von heißen Flüssigkeiten sollte ein Erwachsener helfen.

Achtung, beim Verschlucken der Kugeln besteht Erstickungsgefahr!

Wenn du die Kugeln zusammen mit mehreren Kindern herstellst, solltet ihr mehrere Behälter mit kaltem Öl haben, damit ihr die Behälter wechseln könnt, falls das Öl zu warm wird.

Versuchsprotokoll

1. Kühle das Pflanzenöl im Gefrierfach oder auf Eis, bis es sehr kalt, aber noch nicht gefroren ist (Abb. 1).

2. Erwärme das Wasser in einer Schüssel in der Mikrowelle oder einem Topf auf dem Herd und rühre das Gelatine- oder Agar-Agar-Pulver mit dem Schneebesen ein, bis sich das Pulver komplett aufgelöst hat (Abb. 2).

3. Gib in jede der zusammendrückbaren Plastikflaschen ein paar Tropfen Lebensmittelfarbe.

4. Lass die warme Gelatine- bzw. Agar-Agar-Mischung kurz abkühlen. Wenn sie abgekühlt, aber noch flüssig ist, gibst du etwas davon in die Plastikflaschen mit Farbe. Schwenke diese, damit sich die Farbe verteilt.

5. Nimm das kalte Öl aus dem Gefrierfach oder vom Eis.

Abb. 1: Kühle das Pflanzenöl auf Eis oder im Gefrierfach des Kühlschranks.

Abb. 2: Gib Gelatine oder Agar-Agar ins Wasser.

Abb. 3: Träufle die Lösung in das kalte Öl.

Abb. 4: Stelle noch mehr Superkugeln her.

6. Drücke die Gelatine- oder Agar-Agar-Lösung langsam in das kalte Öl – immer nur ein paar Tropfen, sodass murmelgroße Kugeln entstehen, die nach unten sinken. Stelle auf diese Weise ungefähr zehn Kugeln her, lass sie 30 Sekunden abkühlen und nimm sie dann mit einem Schaumlöffel heraus (Abb. 3).

7. Spüle die Kugeln mit Wasser ab und fahre fort, bis du so viele Kugeln hast wie gewünscht. Kühle das Öl bei Bedarf zwischendurch ab (Abb. 4).

8. Trockne einige der Superkugeln über Nacht auf einem Teller und beobachte, wie sie schrumpfen. Was passiert, wenn du sie wieder nass machst? Bewahre die Kugeln in einem Plastikbeutel im Kühlschrank auf (Abb. 5).

Die Wissenschaft hinter dem Spass

Köche der sogenannten Molekularküche stellen mit Gelatine oder Agar-Agar essbare Kügelchen aus allem Möglichen her – von Balsamessig bis Fruchtsaft. Dies bezeichnet man als »Sphärisierung«. Dabei nutzen die Köche den Umstand, dass sich Wasser und Öl nicht miteinander vermischen. Gelatine und Agar-Agar sind sogenannte Kolloide, die beim Abkühlen fest werden. Die wässrigen Tropfen, die in das kalte Öl fallen, bilden aufgrund der Oberflächenspannung schön geformte Kugeln.

Noch mehr Ideen

1. Schwimmende Kugeln gelingen dir, wenn du die Mischung aus etwa 250 ml weißem Essig und 3 EL (etwa 25 g) Agar-Agar-Pulver herstellst. Gib sie in Wasser, das ein paar TL (15–20 g) Natron enthält.

2. Kugeln, die ihre Farbe verändern, bekommst du, indem du 3 EL (etwa 25 g) Agar-Agar-Pulver in etwa 250 ml Rotkohlsaft (aus in Wasser gekochtem Rotkohl) gibst. Lass die Kugeln in Essig (eine Säure) oder in Natronwasser (eine Base) tropfen.

KAPITEL 05

BOTANISCHE EXPERIMENTE

MOOSE BILDEN EINE FASZINIERENDE, URALTE PFLANZENGRUPPE. Sie haben kein eigenes Stützgewebe und auch keine Gefäße für den Wassertransport, darum wachsen sie nicht sehr hoch. Oft bilden sie weiche grüne Teppiche, in denen sich viele der Pflanzen gegenseitig Halt geben. Die Masse bietet einige Sicherheit; so können die Einzelpflanzen in solchen Moospolstern widrigen Bedingungen besser trotzen. Moose zählen zu den wenigen Pflanzen, die an Extremstandorten wie der Antarktis wachsen können, denn sie brauchen wenig Licht und überdauern schlechte Zeiten in einer Art Ruhezustand. Wissenschaftler haben sogar unter Gletschern Moose entdeckt.

Moose brauchen regelmäßig Regen, Nebel oder Tau, um Feuchtigkeit und Nährstoffe zu erhalten und sich fortzupflanzen. Sie verbreiten sich recht erfolgreich. Ihre Sporen werden vom Wind an neue Standorte geweht, sodass neue Moose weitab der Elternpflanzen wachsen können.

Auch mit komplexeren Pflanzen kannst du spannende Projekte durchführen. In diesem Kapitel erfährst du nicht nur viel über Moose, sondern auch darüber, wie Pflanzen keimen, wachsen, blühen, Licht finden und Sauerstoff produzieren.

PROJEKT 19

IMMER DEM LICHT NACH

Material

- Bohnen, Erbsen oder Sonnenblumensamen
- Kleine Töpfe
- 2 Schuhkartons
- Pappe
- Schere oder Cutter
- Klebeband
- (Blumen-)Erde

PFLANZEN SUCHEN SICH IHREN WEG ANS LICHT – SELBST ÜBER UMWEGE.

Abb. 4: Schau nach, wie die Pflanzen wachsen.

Wichtige Hinweise

Kleine Kinder brauchen beim Zuschneiden der Kartons Hilfe.

Bohnen, Erbsen und Samen könnten von Kleinkindern verschluckt werden – Vorsicht, Erstickungsgefahr!

Versuchsprotokoll

1. Setze ein bis zwei Bohnen, Erbsen oder Sonnenblumensamen in zwei bis drei kleine Töpfe mit Erde. Halte die Erde gut feucht; nach einigen Tagen siehst du bereits kleine Keimlinge. Gieße sie nochmals gut, bevor du die Töpfe in die Schuhkartons stellst (Abb. 1, 2).

2. Beschrifte den ersten Schuhkarton mit »A«, lege ihn auf die Seite wie einen Schaukasten und schneide eine kleine Öffnung in die nun oben liegende Seite.

3. Beschrifte den zweiten Karton mit »B« und stelle ihn hochkant auf eine Schmalseite. Schneide auch hier ein kleines Loch in die oben liegende Seite.

4. Schneide ein Stück Pappe so zu, dass es nicht ganz so breit ist wie Kasten B. Klebe es mit Klebeband in etwa 20 cm Höhe in Kasten B, sodass es sich auf derselben Seite befindet wie die Öffnung in der Oberseite. Eine unter die Öffnung gestellte Pflanze erhält somit kein direktes Licht von oben, kann aber durch die Lücke um die Pappe herumwachsen (Abb. 3).

Abb. 1: Fülle Erde in kleine Töpfe.

Abb. 2: Setze Bohnen, Erbsen oder Sonnenblumensamen in die Erde ein.

Abb. 3: Baue ein Lichtlabyrinth.

5. Stelle einen der Töpfe in Kasten A und klebe ihn an der Seite am Boden fest, die der Öffnung gegenüberliegt. Verschließe den Kasten sorgfältig.

6. Klebe den zweiten Topf mit Keimlingen in Kasten B fest, und zwar direkt unterhalb der das Licht blockierenden Pappe. Die Pflanzen müssen nun durch die Lücke auf der anderen Seite wachsen, um ans Licht zu gelangen. Verschließe den Kasten sorgfältig.

7. Stelle die Kästen ein paar Tage lang an einen sonnigen Platz. Überprüfe die Pflanzen und gieße sie alle zwei Tage (Abb. 4).

Noch mehr Ideen

1. Mit welchen weiteren Versuchen könntest du den Phototropismus (die Bewegung der Pflanzen zum Licht hin) erforschen? Wie ließe sich testen, ob Pflanzenwurzeln beim Wachsen der Schwerkraft folgen?

2. Baue kompliziertere Labyrinthe – wie weit wird eine Pflanze bis zum Licht wachsen? Welche Pflanzen kommen im Labyrinth am besten zurecht?

Die Wissenschaft hinter dem Spass

Pflanzen müssen auf vielerlei Reize reagieren, wenn sie überleben wollen. Ihre Wurzeln wachsen der Schwerkraft folgend in die Erde, wo am ehesten Wasser zu finden ist. Zudem sind die meisten Pflanzen auf Licht angewiesen, da sie Photosynthese betreiben. Dabei erzeugen sie unter Einwirkung von Licht die für ihr Wachstum benötigte Energie in Form von Zucker (siehe hierzu auch Projekt 22).

Um genug Licht für die Photosynthese abzubekommen, wachsen die Pflanzen stets zum Licht hin. Diese Bewegung bezeichnen Wissenschaftler als Phototropismus. Die Silbe *Photo-* leitet sich vom altgriechischen Wort *phos* für »Licht« ab, und das altgriechische Wort *tropos* steht für »Wendung, Richtung«.

Bei diesem Projekt steht den Keimlingen lediglich eine Lichtquelle zur Verfügung, zu der sie nur über Umwege gelangen können. Eine Pflanze hat im Samen genug Energie gespeichert, um zunächst ohne Licht zu wachsen, doch mit zunehmender Größe umwächst sie alle Hindernisse, um ans Licht zu kommen.

PROJEKT 20

MOOSGÄRTEN

Material

- Mehrere Ballen unterschiedlicher Moose, die du vorsichtig vom Boden, von Baumrinde oder Steinen entnommen hast
- Lupe
- 2 oder mehr Behälter für Moosgärten
- Kieselsteine
- Sprühflasche
- Blumenerde
- Mixer, Buttermilch und Pinsel, um Moosfarbe herzustellen (wahlweise)

Wichtige Hinweise

Beim Umgang mit dem Mixer sollte ein Erwachsener helfen.

Moosfarbe lässt sich manchmal wochenlang Zeit, bis sie wächst, und muss oft befeuchtet werden. Geduld ist also angesagt!

Moosfarbe wächst am besten auf Oberflächen, die dem natürlichen Untergrund des Mooses ähneln.

ERSCHAFFE SAMTIG WEICHE GÄRTEN UND LEBENDE FARBE AUS DEN URZEITLICHEN WUNDERPFLANZEN.

Abb. 4: Streiche die Moosfarbe auf unterschiedliche Oberflächen.

Versuchsprotokoll

1. Sammle Moos und betrachte es mit der Lupe. Zeichne und notiere das Erscheinungsbild der verschiedenen Arten und ergänze die Angaben, wo und wann du sie gesammelt hast. Teile jedes Moosstück in mindestens zwei Stücke (Abb. 1).

2. Setze unterschiedliche Moose in einen Behälter mit kleinen Steinen. Gib so viel Wasser hinzu, dass es bis an die Unterseite des Mooses reicht, dieses aber nicht bedeckt.

3. Fülle einen zweiten Behälter mit Blumenerde und bepflanze ihn genau wie den ersten mit Moosballen. Wässere die Erde, sodass sie feucht, aber nicht nass ist (Abb. 2).

Abb. 1: Betrachte das Moos durch die Lupe.

Abb. 2: Pflanze Moose auf Steine oder Erde.

Abb. 3: Mische Moos und Buttermilch im Mixer, um Moosfarbe herzustellen.

4. Um Moosfarbe herzustellen, mischst du einen großen Moosklumpen mit 120 ml Buttermilch in einem Mixer. Trage den Moosmix mit einem Pinsel auf unterschiedliche Oberflächen auf. Wo wächst die Moosfarbe am besten? (Abb. 3, 4)

5. Besprühe das Moos täglich mit Wasser und wässere die Stein- oder Erdschicht nach Bedarf. Besprühe auch die Flächen mit der Moosfarbe ein- bis zweimal täglich mit Wasser.

6. Halte in deinem Notizbuch fest, wie gut die Moose gedeihen und welche Bedingungen sie bevorzugen.

Noch mehr Ideen

1. Verwende Baummoos, um nach Bärtierchen zu suchen (siehe Projekt 2).

2. Wiederhole das Experiment draußen – du weißt ja bereits, wie man es dem Moos behaglich macht.

3. Gib zu trockenem Moos tropfenweise Wasser hinzu und beobachte unter dem Mikroskop, was geschieht.

Die Wissenschaft hinter dem Spass

Bisher sind mehr als 10 000 Moosarten bekannt. Diese unter dem wissenschaftlichen Namen »Bryophyta« zusammengefassten Pflanzen brauchen unterschiedliche Lebensbedingungen. Moose vertragen keine Konkurrenz und sind darum meist dort zu finden, wo andere Pflanzen nicht gedeihen, etwa auf Gestein und verdichtetem Boden oder im Wald. Manche lieben die Sonne, andere wachsen im Schatten oder verborgen in Höhlen. Sie bilden keine Blüten und echten Wurzeln, sondern verankern sich mit Haftorganen – den Rhizoiden – im Untergrund.

Moose haben kein Leitgewebe für Wasser, müssen dieses also direkt aus der Umgebung aufnehmen. Dafür sind sie ideal geformt: Sie bilden große Polster, die Feuchtigkeit wie ein Schwamm speichern.

Bei diesem Projekt testest du die unterschiedlichen Wachstumsbedingungen verschiedener Moosarten. Welche Moose gedeihen gut, welche schlecht oder gar nicht? Farbe, die du aus Moos und einer feuchten, dickflüssigen Grundsubstanz hergestellt hast, ist eine witzige Möglichkeit, an einer senkrechten Fläche einen Moosgarten anzulegen.

PROJEKT 21

BLÜTENEXPLOSION

Material

- Frische Blüten aus dem Garten
- Klebstoff, doppelseitiges Klebeband oder Klebepunkte
- Große Bögen Papier, Zeichenkarton oder Leichtschaumplatten
- Schere

Wichtige Hinweise

Kleinen Kindern kann man behilflich sein, indem man Klebepunkte in Kreisen aufklebt, sodass die Kinder nur noch die Blütenblätter daraufkleben müssen.

Nicht vergessen: Vor dem Abschneiden von Blüten um Erlaubnis fragen!

FERTIGE AUS BLÜTENBLÄTTERN EIN BILD WIE EIN FEUERWERK!

Abb. 5: Vergleicht eure »explodierten« Blüten.

Versuchsprotokoll

1. Schneide einige Blüten von Pflanzen im Garten ab (Abb. 1).

2. Zerlege sie in ihre Einzelteile, angefangen bei den grünen Kelchblättern an der Außenseite der Blüte und den äußeren Kronblättern (»Blütenblättern«). Klebe die Kelch- und Kronblätter in einem großen Kreis auf Papier, Leichtschaumplatten oder Zeichenkarton (Abb. 2).

3. Arbeite dich weiter von außen nach innen vor, sowohl bei der Zerlegung der Blüte als auch bei den Kreisen des Bildes (Abb. 3).

\bb. 1: Pflücke ein paar Blüten.

Abb. 2: Zupfe die Kelch- und Kronblätter von außen nach innen ab und klebe sie auf Papier.

Abb. 3: Forme mit den Blättern schöne Kreise.

Abb. 4: Wie heißen die einzelnen Blütenteile?

4. Klebe das Mittelstück der Blüte (den Blütenboden) in die Mitte deines Bildes. Den Stängel kannst du hinkleben, wo du möchtest.

5. Bestimme die einzelnen Blütenteile mithilfe eines Buches oder suche entsprechende Informationen im Internet (Abb. 4).

6. Vergleiche deine »explodierten« Blüten mit den Werken deiner Freunde.

Noch mehr Ideen

1. Versuche, rein männliche oder weibliche Blüten zu finden (z.B. vom Kürbis).

2. Ein Explosionsbild von einer kleinen Blüte kannst du gut zwischen zwei Löschpapierseiten in einem Buch pressen und trocknen.

3. Werde kreativ und entwerfe dein persönliches Kunstwerk. Klebe beispielsweise die Blütenbilder von mehreren Blüten übereinander.

Die Wissenschaft hinter dem Spass

Jeder Teil einer Blüte leistet einen wichtigen Beitrag zur Bildung der Samen. Die Kelchblätter schützen die Knospen, während die farbigen Kronblätter Bestäuber wie Insekten, Vögel und manchmal sogar Fledermäuse anlocken.

Blüten sind oft männlich oder weiblich, oder sie besitzen beide Anteile. Die männlichen Anteile bestehen aus den länglichen Staubblättern, die den Pollen enthalten. Die weiblichen Anteile sind der Stempel mit der klebrigen Narbe obenauf und dem Fruchtknoten an seiner Basis.

Bei der Bestäubung landet Pollen auf der Narbe und wandert den Stempel hinab bis in den Fruchtknoten, wo er die Samenanlagen befruchtet.

Viele Blüten bilden zudem süßen, energiereichen Nektar, um Bestäuber anzulocken. Die Bestäubung ist auch für den Menschen enorm wichtig. Fast 80 Prozent aller weltweit angebauten Pflanzen sind auf die Bestäubung, beispielsweise durch Bienen, angewiesen!

PROJEKT 22

SAUERSTOFF AUS WASSERPFLANZEN

Material

- Gewöhnliche Wasserpflanzen aus einem Teich oder See
- Transportbehälter
- Großer Plastikbehälter
- Wasser
- Mindestens 2 kleine durchsichtige Gefäße wie Gläser oder Reagenzgläser

Wichtige Hinweise

Kleine Kinder am Wasser nie unbeaufsichtigt lassen!

Seltene Wasserpflanzen sollten nicht verwendet werden.

Wasserpflanzen nach dem Experiment kompostieren oder in den Abfall geben.

Abb. 4: Beobachte, wie Sauerstoffbläschen aufsteigen.

SCHAU ZU, WIE WASSERPFLANZEN SAUERSTOFF PRODUZIEREN

Versuchsprotokoll

1. Fülle einen großen Behälter mit Leitungswasser. Lass es möglichst über Nacht stehen, damit sich eventuell vorhandenes Chlor verflüchtigt. Tauche die kleinen durchsichtigen Gefäße ein und drehe sie unter Wasser seitwärts, damit alle Luft entweichen kann.

2. Sammle einige Wasserpflanzen (Abb. 1).

3. Schneide einen Zweig von deiner Pflanze, drücke ihn im großen Behälter unter Wasser, schüttle alle Luftblasen heraus und stecke ihn mit der Spitze nach unten in eines der kleinen Gefäße. Halte alles zusammen unter Wasser und drehe das Ganze dann um, sodass keine Luft eindringen kann (siehe Foto oben). Stelle Reagenzgläser in kleine Becher, damit sie nicht umkippen (Abb. 3).

4. Drehe einen der kleinen Behälter ohne Pflanze unter Wasser auf den Kopf. Er dient der Kontrolle. Wenn du noch mehr Pflanzen und kleine Gefäße hast, wiederholst du Schritt 3 mit ihnen.

5. Stelle deine Versuchsanordnung ein paar Stunden in die Sonne oder unter eine starke Lampe. Im Licht betreiben die Wasserpflanzen Photosynthese. Wahrscheinlich kannst du jetzt beobachten, wie Sauerstoff in Blasen aufsteigt und sich in den durchsichtigen Behältern ansammelt (Abb. 4).

Abb. 1: Sammle Wasserpflanzen aus einem Teich oder See.

Abb. 2: Nimm die Pflanzen in einem Behälter mit nach Hause.

Abb. 3: Setze die Pflanzen unter Wasser in kleine Gläser, die du zuvor umgedreht hast.

Die Wissenschaft hinter dem Spass

Pflanzen erweisen uns große Dienste. Wir nutzen sie nicht nur als Nahrung, sondern könnten ohne sie gar nicht überleben, denn sie versorgen uns mit dem lebenswichtigen Sauerstoff. In einem Vorgang, den man als Photosynthese bezeichnet, wandeln die Pflanzen mithilfe von Sonnenenergie und Chlorophyll (dem Licht absorbierenden grünen Farbstoff in den Blättern) Wasser und Kohlendioxid in Zucker und Sauerstoff um. Der Zucker liefert den Pflanzen die Energie zum Überleben und Wachsen, der Sauerstoff ist quasi ein Abfallprodukt, die Pflanze benötigt ihn nicht.

Dank der Pflanzen und anderer Organismen wie der Algen, die ihre Nahrung mit Sonnenlicht oder chemischer Energie aus anorganischen Substanzen wie Kohlendioxid selbst herstellen, enthält die Erdatmosphäre genug Sauerstoff, um das Überleben von Menschen und Tieren zu sichern.

Noch mehr Ideen

1. Was geschieht, wenn du das Experiment in einem dunklen Raum wiederholst?

2. Leitungswasser enthält einen gewissen Anteil an Kohlendioxid. Probiere einmal aus, wie das Projekt mit Wasser aus dem Teich oder See verläuft.

PROJEKT 23 BAUMKINDERGARTEN

Material

- Kiefernzapfen und Baumsamen
- Schale oder Kuchengitter
- Pinzette
- Kleiner Behälter mit Wasser
- 2 durchsichtige Plastikbeutel mit Zippverschluss
- Sand oder Anzuchterde
- Küchenkrepp
- Kleine Steine
- Blumenerde
- Kleine Blumentöpfe
- Plastikbeutel

Wichtige Hinweise

Die früh im Jahr fallenden Ahornsamen beginnen sofort zu wachsen. Willst du das Projekt im Winter durchführen, kannst du sie auch zusammen mit Kiefernsamen im Kühlschrank aufbewahren.

Samen könnten von Kleinkindern verschluckt werden. Erstickungsgefahr!

ZIEHE KLEINE BÄUME AUS SAMEN.

Abb. 5: Sind die Bäumchen groß genug, um zu überleben, pflanze sie im Garten ein.

Versuchsprotokoll

1. Sammle im Herbst ganz oder teilweise geschlossene Kiefernzapfen und sonstige Baumsamen wie die »Hubschrauber« des Ahorns (Abb. 1).

2. Lass die Zapfen in einer Schale oder auf einem Kuchengitter ein paar Tage trocknen, bis sie sich öffnen und die Samen herausfallen (Abb. 2).

3. Zupfe mit einer Pinzette die restlichen Samen aus den Zapfen und lege alle in einen Behälter mit Wasser.

4. Wirf die oben schwimmenden Samen fort – sie werden nicht keimen. Nimm die herabgesunkenen Samen aus dem Wasser und lass sie trocknen.

5. Fülle einen Beutel mit Zippverschluss mit feuchtem (nicht nassem) Sand oder feuchter Anzuchterde und mische die Kiefernsamen darunter. Verschließe den Beutel fast vollständig und lass nur eine kleine Öffnung zur Belüftung. Lege den Beutel drei bis sechs Wochen in den Kühlschrank.

6. Nimm die Ahornsamen (falls du diese verwendest) aus ihren Schalen und lege sie in einem weiteren Beutel mit Zippverschluss auf ein feuchtes Küchenpapier. Verschließe den Beutel teilweise und lege ihn bis zu acht Wochen in den Kühlschrank (Abb. 3).

Abb. 1: Sammle Kiefernzapfen.

Abb. 2: Trockne die Zapfen, sodass die Samen herausfallen.

Abb. 3: Ahornsamen können im Kühlschrank aufbewahrt oder gleich ausgepflanzt werden.

Abb. 4: Pflanze die Sämlinge in Blumenerde.

7. Schaue jede Woche nach den Samen. Wenn sie zu keimen beginnen, nimm sie heraus und pflanze sie ein (siehe Schritt 8).

8. Ist die »kalte« Zeit für deine Samen vorbei, fülle ein paar Steinchen sowie eine Mischung aus Sand und Blumenerde (Anzuchterde) in Blumentöpfe. Drücke die Samen einige Zentimeter tief hinein und halte die Erde feucht (Abb. 4).

9. Wenn die jungen Bäumchen groß und kräftig genug sind und es draußen warm genug ist, pflanzt du sie an einem geeigneten Standort im Garten ein (Abb. 5).

Die Wissenschaft hinter dem Spass

Die Samen der meisten Bäume keimen nicht einfach drauflos, sondern ruhen erst eine gewisse Zeit. Um sie zu aktivieren, muss ihre dicke Schale zunächst aufgeweicht werden.

Da viele Bäume im Frühling zu wachsen beginnen, müssen manche Samen einige Zeit größerer Kälte ausgesetzt sein, bevor sie keimen. Du kannst sie überlisten, indem du sie einige Wochen lang im Kühlschrank lagerst und ihnen auf diese Weise den Winter vorgaukelst. Diesen coolen Trick bezeichnet man in der Botanik als »Stratifikation«.

Wenn du die Samen dann nach ein paar Wochen aus dem Kühlschrank holst und in Erde einpflanzt, beginnen sie bald zu keimen.

Noch mehr Ideen

1. Welche weiteren Baumarten kannst du aus Samen ziehen?

2. Erforsche und prüfe anhand von Baumsamen verschiedene Methoden der Stratifikation (siehe Text oben).

KAPITEL 06

SONNE UND ATMOSPHÄRE

UM POLARLICHTER RANKEN SICH VIELE LEGENDEN. EINST GALTEN SIE ALS GEISTER DER URAHNEN, ALS WIDERSCHEIN FERNER LAGERFEUER ODER ALS BÖSE VORZEICHEN VON KRIEG UND HUNGER.
Dank der modernen Wissenschaft wissen wir heute, wie die spektakulären Nord- oder Südlichter, die in der Fachsprache Aurora borealis (auf der Nordhalbkugel) bzw. Aurora australis (auf der Südhalbkugel) genannt werden, entstehen – nämlich wenn elektrisch geladene Teilchen des Sonnenwinds aufeinanderprallen. Diese energiereichen Teilchen gelangen regelmäßig von der Sonne bis zur Erde, besonders häufig nach starken Eruptionen auf der Sonnenoberfläche, und flackern dann als magisch leuchtende Polarlichter am Himmel.

Die Erde ist ein riesiger Magnet mit magnetischen Polen, die nahe dem geografischen Nord- und Südpol liegen. Das Magnetfeld der Pole lenkt den größten Teil der Sonnenwinde ab, doch einige Teilchen werden von ihm eingefangen und treten an den magnetischen Polen in die Atmosphäre ein. Dabei treffen sie auf Gaspartikel (Sauerstoff und Stickstoff), die sie kurzzeitig anregen, sodass diese Licht aussenden. Je nachdem, mit welchem Gas und in welcher Höhe der Zusammenprall der Teilchen erfolgt, sind die Polarlichter grün, rot, blau oder violett.

In diesem Kapitel experimentierst du mit der Energie der Sonne und mit atmosphärischen Gasen. Polarlichter kannst du zwar nicht künstlich erzeugen, wohl aber eine Wolke in der Flasche. Mit Sonnenenergie bringst du einen Ballon zum Platzen, und der atmosphärische Luftdruck hilft dir bei einem raffinierten Kartentrick.

PROJEKT 24

DIE KRAFT DER SONNE

Material

→ Luftballon

→ Marshmallow

→ Lupe

Wichtige Hinweise

Dieses Projekt funktioniert nur an einem sonnigen Tag.

Ein Erwachsener sollte das Experiment beaufsichtigen.

SONNENENERGIE LÄSST LUFTBALLONS PLATZEN UND BRUTZELT MARSHMALLOWS.

Abb. 4: Beobachte, welche Kraft die Sonne hat!

Versuchsprotokoll

1. Blase einen Luftballon auf (Abb. 1).

2. Stelle dich mit dem Rücken zur Sonne.

3. Halte den Ballon in einer Hand und richte mit der Lupe die Sonnenstrahlen direkt auf den Ballon. Bewege die Lupe vor und zurück, bis du den hellsten und kleinsten Lichtpunkt gefunden hast.

Abb. 1: Blase einen Luftballon auf.

Abb. 2: Lenke Sonnenstrahlen durch die Lupe auf den Ballon, bis er platzt.

Abb. 3: Platziere eine Lupe so, dass sie die Sonnenstrahlen auf einem Marshmallow fokussiert.

4. Halte nun die Lupe genau über diesem Punkt, bis der Luftballon platzt (Abb. 2).

5. Lege ein Marshmallow auf einen Teller. Stelle diesen draußen aufs Pflaster und positioniere die Lupe so, dass sie das Sonnenlicht auf dem Marshmallow bündelt. Wir haben die Lupe in einen umgedrehten Blumenkasten mit Abflussloch gesteckt (Abb. 3).

6. Schau alle paar Minuten nach dem Marshmallow. Wenn es zu rauchen anfängt, entfernst du die Lupe (Abb. 4).

Noch mehr Ideen

1. Probiere das Experiment mit einem wassergefüllten Ballon aus.

2. Blase mehrere Luftballons in unterschiedlichen Farben gleich stark auf. Welchen Einfluss hat die Farbe auf den Zeitpunkt, an dem der Ballon platzt?

3. Miss die Brennweite verschiedener Lupen (siehe Text rechts).

Die Wissenschaft hinter dem Spass

Wusstest du, dass man mit sehr klarem, in Linsenform geschnittenem Eis ein Feuer entzünden kann? Es kommt allein auf die richtige Form an.

Eine Lupe ist eine konvexe Linse, ihre Seiten sind also nach außen gewölbt. Sie bündelt das von der einen Seite einfallende Licht, sodass alle auf der anderen Seite wieder austretenden Lichtstrahlen in einem einzigen Punkt zusammentreffen, dem sogenannten Brennpunkt.

Hältst du die Lupe zu weit vom Ballon entfernt, wird der Lichtpunkt größer und weniger hell, denn jenseits des Brennpunkts streben die Lichtstrahlen wieder auseinander.

Sonnenlicht ist sehr energiereich, und diese Energie wandelt sich um, wenn die Lichtstrahlen auf Materie treffen. Sind alle durch die Lupe tretenden Lichtstrahlen auf denselben kleinen Punkt gerichtet, erhitzt die Strahlungsenergie jegliche dort befindliche Materie, ganz gleich, ob es sich um einen Luftballon oder ein Marshmallow handelt.

Wie viel Sonnenenergie (Wärme) du auf einem Objekt bündeln kannst, hängt von Größe und Form der Linse ab. Was meinst du – wird eine große Linse mehr Strahlung fokussieren als eine kleine?

PROJEKT 25

SONNENDRUCKE

MATERIAL

- Blätter, Blüten und Grashalme
- Buntes Schreib- oder Bastelpapier
- Folie oder große Plexiglasscheibe

WICHTIGE HINWEISE

Dieses Projekt gelingt am besten an einem sonnigen Tag bei hoch stehender Sonne.

PAPIER MIT EINZIGARTIGEN MUSTERN, UNTER KÜNSTLERISCHER MITWIRKUNG DER SONNE HERGESTELLT.

Abb. 4: Schon hast du Papier mit schönen Pflanzenmustern!

VERSUCHSPROTOKOLL

1. Sammle im Garten Blüten und Blätter mit interessanten Konturen.

2. Lege farbiges Papier in die Sonne.

3. Platziere die Blüten und Blätter nach Belieben auf dem Papier (Abb. 1).

4. Decke Papier und Pflanzenteile mit Klarsichtfolie oder Plexiglas ab und beschwere alles bei Wind mit Steinen (Abb. 2).

5. Warte einige Stunden ab und entferne Abdeckung und Pflanzenteile vom Papier (Abb. 3, 4).

Abb. 1: Lege Blüten und Blätter auf buntes Papier.

Abb. 2: Decke Papier und Pflanzenteile mit Folie oder Plexiglas ab, damit sie vom Wind nicht fortgeweht werden können.

Abb. 3: Entferne die Abdeckung und die Pflanzenteile. Ist ein Muster entstanden?

Noch mehr Ideen

1. Lass deine Kunstwerke unterschiedlich lange in der Sonne. Wie lange braucht das UV-Licht, um das Papier auszubleichen?

2. Probiere aus, ob bestimmte Papierfarben leichter ausbleichen als andere.

3. Sprühe ein Sonnenschutzmittel auf ein Papier, lass es im Schatten trocknen und führe das Experiment dann damit durch. Was passiert?

Die Wissenschaft hinter dem Spass

Die Sonne ist ein Stern und bildet das Zentrum unseres Sonnensystems. Sie strahlt ungeheure Energiemengen ab. Ein Teil davon gelangt durch die Erdatmosphäre als Licht bis zu uns. Licht besteht aus elektromagnetischen Wellen, und wie Meereswellen haben die Wellengipfel mal größere, mal kleinere Abstände (Wellenlängen).

Die Farben, die wir sehen, sind Lichtwellen im sichtbaren Wellenlängenbereich, die von Objekten unterschiedlich absorbiert bzw. reflektiert werden. Manche Wellenlängen sind zu kurz, als dass wir sie wahrnehmen könnten. Diese Ultraviolettstrahlen (UV-Strahlen) sind sehr energiereich. Sie können chemische Verbindungen knacken und bewirken, dass Objekte (wie hier das Papier) Licht auf andere Weise absorbieren oder reflektieren. Ihre Farbe erscheint dann verändert.

Bei diesem Projekt ist das Papier unter den Pflanzenteilen vor der UV-Strahlung geschützt. Nimmst du die Pflanzenteile weg, zeigt sich, dass ihr »Schatten« sichtbar bleibt; das übrige Papier wurde dagegen von der Sonne ausgebleicht. Das verdeutlicht, warum unsere Haut im Schatten besser vor UV-Strahlen geschützt ist als in der prallen Sonne.

PROJEKT 26

EINE WOLKE IN DER FLASCHE

SETZE EINE MINERALWASSERFLASCHE UNTER DRUCK, SODASS KURZZEITIG EINE WOLKE DARIN ENTSTEHT.

Material

- Nadel einer Ballpumpe
- In die Flaschenöffnung passender Korken, quer in zwei Hälften geschnitten
- Ballpumpe
- Schutzbrille
- 2 EL (30 ml) Alkohol (Isopropylalkohol oder Ethanol)
- Durchsichtige 2-l-Flasche ohne Etikett

Wichtige Hinweise

Das Durchschneiden des Korkens und Durchstechen der Nadel sollte ein Erwachsener übernehmen.

Kleine Kinder sollten von einem Erwachsenen beaufsichtigt werden. Isopropylalkohol nicht schlucken und Dämpfe nicht einatmen.

Unbedingt Schutzbrille tragen!

Pumpe die Flasche nicht zu stark auf, sondern halte dich genau an die Anleitung.

Abb. 4: Entferne den Korken, damit sich eine Wolke bildet.

Versuchsprotokoll

1. Stecke die Ballpumpennadel durch eine der Korkenhälften, am besten dort, wo der Korkenzieher eingebohrt wurde.

2. Befestige die Nadel an der Ballpumpe (Abb. 1).

3. Setze die Schutzbrille auf. Gib den Alkohol in die Flasche und benetze deren Innenseiten, indem du sie hin- und herrollst (Abb. 2).

4. Stecke den an die Pumpe montierten Korken fest in die Flaschenöffnung.

Abb. 1: Du brauchst eine Ballpumpe mit Nadel und einen Korken.

Abb. 2: Benetze die Innenseite der Flasche mit Alkohol.

5. Beginne langsam, die Flasche aufzupumpen (das untere Ende der Flasche soll von dir fort zeigen), und kontrolliere dabei deren Seitenwände. Pumpe weiter, bis sie sich hart anfühlen. Halte den Korken fest, während du pumpst, oder lass jemand anderen pumpen, während du den Korken fixierst (Abb. 3).

6. Halte den Flaschenboden von dir weg und ziehe den Korken heraus. In der Flasche sollte nun eine weiße Wolke entstehen (Abb. 4).

7. Setze den Korken wieder ein und pumpe die Flasche erneut auf, bis sich ihre Seiten hart anfühlen. Die Wolke sollte nun wieder verschwinden.

8. Entferne den Korken.

Abb. 3: Pumpe Luft in die Flasche.

Noch mehr Ideen

1. Mit welchen anderen Flüssigkeiten ließe sich dieser Versuch durchführen?

2. Würde es auch mit Wasser funktionieren?

Die Wissenschaft hinter dem Spass

Alkohol verdunstet bei Zimmertemperatur rasch zu einem unsichtbaren Gas. Kalte Alkoholmoleküle jedoch können sich aneinanderlagern und kleine Tröpfchen bilden, die als Nebel sichtbar sind.

Bei diesem Projekt erhöhst du den Druck in der mit Alkohol benetzten Flasche, indem du Luft hineinpumpst. Wenn du mit dem Pumpen beginnst, liegt ein Teil des Alkohols bereits in Gasform vor. Die eingeschlossenen Gas-, Wasser- und Luftmoleküle in der Flasche werden durch den zunehmenden Druck immer dichter zusammengedrückt, was die Temperatur in der Flasche erhöht.

Wenn du den Korken entfernst, fällt der Druck sehr schnell ab und mit ihm auch die Temperatur in der Flasche. Dadurch kondensieren die Alkoholmoleküle und ein Teil der Wassermoleküle zu Tröpfchen – es entsteht eine Wolke in der Flasche.

Wenn du den Korken wieder in die Flasche steckst und Luft hineinpumpst, steigen Druck und Temperatur erneut, und die Moleküle wechseln wieder in die unsichtbare Gasform.

PROJEKT 27

DAS UMGEDREHTE WASSERGLAS

Material

- → Wasserglas, dessen Öffnung nicht weiter ist als eine Spielkarte
- → Kartenspiel
- → Wasser

Wichtige Hinweise

Es kann sein, dass die Spielkarten Schaden nehmen.

Kleine Kinder brauchen bei diesem Experiment Hilfe.

VON WEGEN IMMER DIESELBEN KARTENTRICKS: ÜBERRASCHE DEINE FREUNDE MIT DIESEM BEEINDRUCKENDEN UMKEHREXPERIMENT.

Abb. 4: Der atmosphärische Druck hält die Karte am Glas.

Versuchsprotokoll

1. Gib etwas Wasser in das Glas. Achte darauf, dass es nicht ganz voll ist, sodass sich im oberen Teil Luft befindet (Abb. 1).

2. Decke die Öffnung des Glases komplett mit einer Spielkarte ab. Lass keine Lücken und halte die Karte ganz flach (Abb. 2).

Abb. 1: Fülle Wasser ins Glas.

Abb. 2: Decke das Glas mit einer Spielkarte ab.

3. Lege eine Hand flach auf die Karte, ohne sie zu verbiegen, und drehe das Glas rasch um. Es funktioniert besser, wenn die Finger auf der Karte liegen, nicht die ganze Handfläche.

4. Wenn kein Wasser ausläuft, nimm die Hand von der Karte. Diese sollte nun an Ort und Stelle bleiben und das Wasser im Glas halten (Abb. 3, 4).

5. Wenn Wasser ausläuft, versuche es noch einmal! Vielleicht brauchst du dazu eine neue Karte.

Abb. 3: Drehe das Glas rasch um und nimm die Hand von der Karte.

Noch mehr Ideen

1. Fülle mehr Wasser ins Glas. Wann wird es zu viel?

2. Reibe den Rand des Glases mit Spülmittel ein. Was passiert nun?

3. Stich mit einer Nadel Löcher in die Karte und wiederhole das Experiment. Läuft Wasser durch die Löcher? Warum – oder warum nicht?

Die Wissenschaft hinter dem Spass

Wir leben sozusagen am Grund eines Meeres aus Luftmolekülen. Auch wenn wir es nicht spüren, üben diese Moleküle Druck auf uns und unsere Umgebung aus. Dieser atmosphärische Druck wirkt von allen Seiten auf uns ein.

Auf die Wassermoleküle im Glas wirkt die Schwerkraft ein und zieht sie nach unten. Diese Kraft ist jedoch geringer als der atmosphärische Druck, der auf die Spielkarte einwirkt, darum bleibt das Wasser auch im umgedrehten Glas.

Zudem ist die Oberflächenspannung am Werk: Wassermoleküle ziehen sich an der Oberfläche gegenseitig an und bilden eine Art elastische Haut. Ein Teil der Wassermoleküle »klebt« sogar durch sogenannte Adhäsionskräfte an der Karte, was die Karte zusätzlich am Glas hält.

Erkläre es deinen Freunden einfach so, dass der atmosphärische Druck stark genug ist, um die Karte am Glas zu halten, und dass Oberflächenspannung und Adhäsion ein Durchsickern verhindern.

PROJEKT 28

UV-WELLEN-DETEKTOR

DIE UV-STRAHLEN DER SONNE LASSEN TONIC WATER SCHIMMERN.

Material

- → 2 durchsichtige Plastikbecher oder Gläser
- → Tonic Water
- → Leitungswasser
- → Dunkles Papier- oder Stoffstück

Wichtige Hinweise

Dieses Projekt gelingt am besten im hellen Sonnenlicht.

Abb. 4: Das Tonic Water schimmert leicht und wirkt bläulich.

Versuchsprotokoll

1. Fülle einen Becher mit Tonic Water (Abb. 1).

2. Fülle den anderen Becher mit Leitungswasser (Abb. 2).

3. Stelle die Becher drinnen oder an einer sehr schattigen Stelle nebeneinander. Halte das dunkle Papier dahinter und vergleiche die Färbung.

4. Stelle die Becher nebeneinander in die Sonne und halte das dunkle Papier dahinter. Siehst du es? Das Tonic Water schimmert leicht bläulich (Abb. 3, 4).

Abb. 1: Fülle einen Plastikbecher mit Tonic Water ...

Abb. 2: ... und den anderen mit Leitungswasser.

Ab. 3: Stelle beide Becher in die Sonne.

5. Wiederhole nun das Experiment an einer leicht schattigen Stelle direkt neben einer sonnigen Stelle.

6. Halte deine Beobachtungen in deinem Notizbuch fest.

Noch mehr Ideen

Womit könntest du noch UV-Strahlen nachweisen? Denke an Projekt 25 (die Sonnendrucke).

Die Wissenschaft hinter dem Spass

Mit unseren Augen können wir Lichtwellen aus einem bestimmten Wellenlängenbereich – dem sichtbaren Bereich – sehen, doch manche Lichtwellen, wie Infrarotwellen, haben eine zu große Wellenlänge und sind für uns unsichtbar. UV-Strahlen können unsere Haut verbrennen, wir können sie aber nicht sehen. Doch sie sind sehr energiereich.

Tonic Water enthält Chinin, einen Wirkstoff, der auch als Medizin gegen Malaria eingesetzt wird. Das Chinin kann die UV-Strahlung absorbieren und sendet dann Energie in Form sichtbaren Lichts aus – man sagt, es fluoresziert. In chemischen Labors macht man sich das Phänomen der Fluoreszenz häufig zunutze. Leitungswasser enthält keine fluoreszierenden Moleküle und schimmert deshalb nicht unter UV-Licht, während das Tonic Water aufgrund des Chinins in einem bläulichen Ton fluoresziert.

KAPITEL 07
VERSUCHE MIT DEM WASSERSCHLAUCH

DRUCK IST DEFINIERT ALS DIE AUF EINE BESTIMMTE FLÄCHE EINWIRKENDE KRAFT. Wenn du in Stiefeln durch tiefen Schnee gehst, sinkst du ein, weil dein Gewicht den Schnee unter den Füßen zusammendrückt. Schneeschuhe dagegen verteilen das Gewicht auf eine größere Fläche, daher wird weniger Druck auf den Schnee ausgeübt, wenn du sie trägst, und du kannst wie ein Schneehase über den Schnee laufen.

Über uns befindet sich eine große Luftmasse, die ständig atmosphärischen Druck auf uns und unsere Umgebung ausübt. Wenn wir tauchen, lastet außerdem noch das Gewicht des über uns befindlichen Wassers auf uns.

In diesem Kapitel lernst du ein witziges Experiment mit Wasserdruck kennen. Dabei produzierst du in einem Schlauch eine so hohe Wassersäule, dass sie dich anhebt, wenn du auf einer wassergefüllten Wärmflasche stehst oder einer Luftmatratze liegst.

Wenn du den Schlauch schon einmal in der Hand hast, füllst du gleich noch einen Behälter mit Wasser und erforschst das Phänomen des Auftriebs mithilfe von Booten aus Alufolie. Mach bei der Gelegenheit noch ein paar Wellen und finde heraus, ob dir an einem heißen Sommertag vielleicht die Achterbahn im Wasserschlauch etwas Abkühlung verschafft.

PROJEKT 29

ACHTERBAHN IM WASSERSCHLAUCH

Material

- Wasserbomben
- 2 große Plastikbehälter, einer davon durchsichtig
- Durchsichtiger, biegsamer Plastikschlauch, 1,5–2 cm im Durchmesser und 2–2,5 m lang
- Wasser

SCHICKE BUNTE BALLONFETZEN AUF WILDE LOOPINGFAHRT DURCH EINEN PLASTIKSCHLAUCH

Abb. 5: Beobachte die Ballonfetzen auf ihrer turbulenten Sause durch den Schlauch.

Wichtige Hinweise

Kleine Kinder am Wasser nicht unbeaufsichtigt lassen!

Das obere Ende des Schlauches muss die ganze Zeit untergetaucht bleiben, sonst funktioniert der Ablauf nicht.

Dieses Projekt ist ideal für mehrere Kinder.

Ballonfetzen könnten von Kleinkindern verschluckt werden. Achtung, Erstickungsgefahr!

Versuchsprotokoll

1. Mach mit deinen Freunden eine lustige Wasserbombenschlacht. Sammle danach die Ballonfetzen ein und hebe sie auf (Abb. 1, 2).

2. Stelle einen großen, durchsichtigen Behälter auf eine Stufe oder einen Stuhl und fülle mit dem Gartenschlauch Wasser hinein. Stelle den anderen Behälter neben ihn auf den Boden (Abb. 3).

3. Tauche den durchsichtigen Plastikschlauch im ersten Behälter komplett unter, sodass alle Luft entweicht. Im Schlauch eingeschlossene Luftblasen entfernst du durch Bewegen des Schlauches, bis alle Blasen aufgestiegen sind. Oder du spülst die Luftblasen mit Wasser aus dem Gartenschlauch heraus.

4. Während du ein Ende des Plastikschlauchs im oberen Behälter unter Wasser hältst, verschließt ein anderes Kind das andere Ende des Schlauchs mit dem Daumen. Dein Helfer muss nun dieses Ende des Plastikschlauchs aus dem oberen Behälter heben und in den unteren Behälter halten, sodass die zugehaltene Schlauchöffnung tiefer liegt als das obere Ende des Plastikschlauchs.

5. Halte das obere Schlauchende weiter unter Wasser, während dein Helfer aus dem unteren Ende de Schlauchs Wasser ablaufen lässt, indem er den Daumen von der Öffnung nimmt.

6. Nun sollte Wasser durch den Plastikschlauch aus dem oberen in den unteren Behälter laufen.

Abb. 1: Mach eine Wasserbombenschlacht.

Abb. 2: Sammle die Ballonfetzen ein.

Abb. 3: Fülle einen großen Behälter mit Wasser.

Abb. 4: Während das Wasser abläuft, steckst du die Ballonfetzen in das obere Schlauchende.

7. Lass deinen Helfer das untere Schlauchende zur »Achterbahn« verdrehen.

8. Stecke nun Ballonfetzen in das obere Schlauchende und schau zu, wie sie durch den verdrehten Schlauch trudeln (Abb. 4, 5).

9. Du beendest das Experiment, indem du das obere Schlauchende einfach aus dem Wasser hebst, sodass nichts mehr abläuft.

Noch mehr Ideen

1. Probiere aus, was passiert, wenn du den Plastikschlauch immer gerader ziehst, indem du den oberen Behälter auf einer Treppe Stufe für Stufe höher stellst. Beeinflusst dieses Vorgehen, wie schnell die Ballonfetzen durch den Schlauch sausen? Miss mit der Stoppuhr nach.

2. Wie wird sich die Durchflussmenge verändern, wenn du einen längeren Schlauch verwendest, damit die untere Wassersäule länger wird?

Die Wissenschaft hinter dem Spass

Das physikalische Grundprinzip, das in einem Siphon steckt, ist häufig sehr nützlich, z. B. beim Leeren eines Autotanks oder zum Bewässern von Feldern.

In einem Siphon verläuft eine kurze Wassersäule nach oben und eine längere nach unten. Wenn du Wasser aus dem unteren Schlauchteil fließen lässt, bewirken Druck und Schwerkraft, dass es aus dem oberen Behälter über das Hindernis – den Rand – hinweg in den unteren Behälter fließt.

Druck und Schwerkraft drücken das Wasser auch nach oben über den Rand des oberen Behälters und dann in den unten befindlichen Schlauchabschnitt. Dieser »Kreislauf« wird unterbrochen, wenn Luft in den oberen Schlauchteil gelangt.

PROJEKT 30

SCHIFFCHENFAHRT IM PLANSCHBECKEN

ÜBERPRÜFE MIT BOOTEN AUS ALUFOLIE, WIE IHRE FORM DEN AUFTRIEB BEEINFLUSST.

Material

- → Großer, mit Wasser gefüllter Behälter (z. B. Planschbecken)
- → 3 Stücke Aluminiumfolie (30 x 30 cm)
- → Münzen, z. B. Cent-Münzen

Wichtige Hinweise

Kleine Kinder am Wasser niemals unbeaufsichtigt lassen.

Kleinkinder könnten Münzen verschlucken. Achtung, Erstickungsgefahr!

Abb. 4: Baue weitere Boote und teste, wie sie schwimmen.

Versuchsprotokoll

1. Fülle einen Behälter mit Wasser. Halte ein Stück Alufolie mit der Kante voraus ins Wasser und lass es los. Was passiert?

2. Knülle das Stück Alufolie zusammen und wirf es ins Wasser. Schwimmt es oben oder geht es unter? (Abb. 1)

3. Forme aus einem weiteren Stück Folie ein Boot und beobachte, ob es schwimmt (Abb. 2).

Abb. 1: Zerknülle ein Stück Alufolie. Versinkt es im Wasser oder schwimmt es oben?

Abb. 2: Forme ein Boot aus Alufolie.

4. Wie viele Cent-Stücke kannst du ins Boot legen, bis es untergeht? (Abb. 3)

5. Baue dein Boot mit einem weiteren Stück Alufolie um und prüfe, ob es nun mehr Münzen tragen kann (Abb. 4).

Abb. 3: Lege ein paar Münzen in dein Boot.

Noch mehr Ideen

1. Finde heraus, welchen Auftrieb Materialien wie Holz, Plastik, Stein oder Metall haben.

2. Nimm in einem Schwimmbecken verschiedene Körperhaltungen ein. Welche helfen dir, oben zu schwimmen, und welche nicht?

3. Beobachte, was passiert, wenn du einen mit Wasser und einen mit Luft gefüllten Ballon (beide gleich groß) ins Wasser setzt. Und wie ist es mit einem halb mit Wasser und halb mit Luft gefüllten Ballon?

Die Wissenschaft hinter dem Spass

Der Auftrieb ist eine Kraft, die bewirkt, dass Gegenstände schwimmen. Soll etwas schwimmen, was normalerweise zu schwer dafür wäre, muss es eine Form haben, die mehr Wasser verdrängt – die verdrängte Wassermenge muss mindestens so viel wiegen wie der Gegenstand selbst.

Wenn ein Gegenstand mehr Raum einnimmt (also ein größeres Volumen hat), wird seine Dichte (das Verhältnis von Gewicht zu Volumen) geringer. Schiffe müssen so gebaut sein, dass sie mindestens so viel Wasser verdrängen, wie es ihrem Gewicht entspricht. Ein 50 kg schwerer Eisenklotz verdrängt wenig Wasser und wird deshalb schnell versinken, während ein Boot aus 50 kg Eisen deutlich mehr Wasser verdrängt und deshalb schwimmt.

Alufolie ist dichter als Wasser und versinkt, wenn du sie mit der Kante voran ins Wasser steckst. Doch zu einem Boot gefaltet, verdrängt sie mehr Wasser und schwimmt. Die Münzen erhöhen das Gewicht und damit die Dichte des Bootes. Wird es zu schwer, geht es unter.

Ist die zerknüllte Alufolie untergegangen? Beim Zerknüllen wird Luft im Inneren eingeschlossen, und diese verleiht Auftrieb. Schwimmwesten funktionieren genau so: Sie halten uns an der Oberfläche, weil in ihnen Luft eingeschlossen ist.

PROJEKT 31

WELLENFORSCHUNG

MATERIAL

- → Großer Behälter, z. B. Planschbecken
- → Wasser
- → Steine
- → 2 flache, feste Gegenstände wie Plastikdeckel oder Schneidebretter
- → Langes Seil

WICHTIGE HINWEISE

Kleine Kinder am Wasser nie unbeaufsichtigt lassen!

BEOBACHTE, WIE SICH WELLEN IM WASSER ODER ÜBER EIN SEIL FORTBEWEGEN.

Abb. 1: Lass einen Stein ins Wasser plumpsen und schau dir das Wellenmuster an.

VERSUCHSPROTOKOLL

1. Fülle das Planschbecken mit Wasser.

2. Lass einen Stein in die Mitte plumpsen und beobachte, welche Muster dadurch auf dem Wasser entstehen. Wirf zwei Steine gleichzeitig an entgegengesetzten Seiten des Beckens ins Wasser. Was passiert? (Abb. 1)

3. Erzeuge mit einem flachen Gegenstand, z. B. einem Schneidebrett oder einem Plastikdeckel, eine Welle, indem du ihn ins Wasser hältst und vorwärtsschiebst. Halte den Gegenstand unterschiedlich tief und schräg und beobachte, wie sich das auf die Wellen auswirkt.

Abb. 2: Was passiert, wenn zwei Wellen ıufeinandertreffen?

4. Erzeuge zusammen mit einem anderen Kind gleichzeitig von gegenüberliegenden Seiten aus Wellen. Was geschieht, wenn sie in der Mitte aufeinandertreffen? (Abb. 2)

5. Stellt euch zu zweit mit einigem Abstand zueinander auf und legt ein Seil zwischen euch auf den Boden.

6. Nehmt jeweils ein Ende des Seils und bewegt es rasch auf und ab, sodass Wellen entstehen. Macht große und kleine Wellen (Abb. 3, 4).

7. Erzeugt gleichzeitig von beiden Enden her Wellen und achtet darauf, was passiert, wenn diese aufeinandertreffen.

Abb. 3: Haltet zu zweit jeweils ein Seilende und lasst eine Welle durch das Seil wandern.

Abb. 4: Macht ganz viele Wellen mit dem Seil.

Noch mehr Ideen

1. Haltet das Seil ungefähr in Hüfthöhe zwischen euch und versucht, ein gleichbleibendes Wellenmuster zu erzeugen, indem ihr ein Ende auf und ab bewegt. Wie wirkt es sich auf das Muster aus, wenn ihr das Seil schneller oder langsamer schwenkt?

2. Falte ein Krepp- oder Pergamentpapier über einen Kamm und blase darauf. Durch die Vibrationen erzeugst du Schallwellen.

Die Wissenschaft hinter dem Spass

Wellen treten überall in der Natur auf. Genau genommen sind Wellen nichts anderes als Störungen, die Energie durch ein Medium wie Wasser, ein Seil, Luft oder sogar die Erde transportieren. Oft werden Wellen durch Vibrationen erzeugt – Schallwellen etwa entstehen durch vibrierenden Luftdruck.

Das auf und ab bewegte Seil transportiert Energie als Welle von einem Ende zum anderen, nimmt aber nach Durchlauf der Welle wieder seine Ursprungsposition am Boden ein. Ein Stein, der ins Wasser fällt, erzeugt durch den Aufschlag auf die Wasseroberfläche ebenfalls Wellen, aber das Wasser selbst bewegt sich nicht mit den Wellen fort.

Der höchste Punkt einer Welle ist der Wellenberg, der tiefste das Wellental. Den Abstand zwischen zwei Wellenbergen bezeichnet man als Wellenlänge. Bei diesem Experiment siehst du auch, was passiert, wenn zwei Wellen aufeinandertreffen. Den Effekt bezeichnet man als Interferenz.

PROJEKT

32 WASSERFAHRSTUHL

Material

- Klebeband
- 2 Wasserschläuche
- Wärmflasche oder Luftmatratze
- Stehleiter
- Trichter, passend für den Schlauch
- Starres, flaches Objekt (z. B. Schneidebrett)

Wichtige Hinweise

Steige nur auf eine Leiter, wenn jemand aufpasst. Kleine Kinder müssen beaufsichtigt werden.

Es braucht viel Klebeband, um die Verbindungen zwischen Schlauch und Wärmflasche bzw. Luftmatratze gut abzudichten.

Entferne alle Verschlüsse von der Öffnung der Luftmatratze, sodass das Wasser in den Schlauch zurücklaufen kann.

Abb. 1: Dreh den Wasserhahn auf – und ab geht die Post!

BEI DIESEM EXPERIMENT LERNST DU DIE KRAFT DES WASSERDRUCKS KENNEN.

Versuchsprotokoll

1. Klebe das Ende eines Wasserschlauchs fest an die Öffnung einer Gummiwärmflasche oder Luftmatratze. Spare nicht an Klebeband!

2. Montiere den anderen Schlauch an einen Wasserhahn und befestige das freie Ende mit Klebeband oben auf einer Stehleiter.

3. Positioniere das freie Ende des ersten Schlauches oben an der Leiter und stecke einen Trichter so hinein, dass das Wasser aus dem oberen Schlauch in den Trichter läuft. Gut mit Klebeband befestigen.

Abb. 2: Stelle dich auf ein Schneidebrett auf der sich füllenden Wärmflasche.

Abb. 3: Die Luftmatratze füllt sich nur langsam, hab also etwas Geduld!

4. Dichte alle Löcher ab. Drehe dann den Wasserhahn auf und lass ihn laufen, sodass sich die Wärmflasche oder Luftmatratze füllt (Abb. 1).

5. Wenn du die Wärmflasche benutzt, legst du das Schneidebrett darauf und stellst dich obenauf, während sie vollläuft. Du müsstest angehoben werden. Stell den Hahn ab, wenn der Trichter überläuft (Abb. 2).

6. Die Luftmatratze füllt sich langsamer – du brauchst also etwas Geduld! Leg dich darauf und warte ab, bis du emporgehoben wirst (Abb. 3).

7. Wie viele Kinder können auf der wassergefüllten Luftmatratze stehen?

Noch mehr Ideen

Miss die Höhe der von dir erzeugten Wassersäule, also die Strecke vom Boden bis zum Trichter. Rechne aus, wie hoch der Wasserdruck bei einer Grundfläche von 100 x 100 cm wäre.

Die Wissenschaft hinter dem Spass

Der französische Physiker Blaise Pascal befasste sich schon im 17. Jahrhundert eingehend mit der Hydrostatik. Man könnte meinen, der Wasserdruck oder hydrostatische Druck ließe sich einfach aus dem Gewicht der Wassermenge errechnen, die auf einer bestimmten Fläche lastet. Ein Kubikmeter (100 x 100 x 100 cm) Wasser etwa wiegt 1000 kg.

Doch so einfach ist es nicht. Bei stehenden Flüssigkeiten berechnet sich der von ihnen ausgeübte Druck (z. B. der Druck, den die Wassersäule über einem Taucher auf diesen ausübt) aus der Dichte (dem Gewicht pro Volumen) der Flüssigkeit, der Erdbeschleunigung (Schwerkraft) und der Höhe der Flüssigkeitssäule; man nennt dies das Pascalsche Gesetz. Übrigens wirkt der hydrostatische Druck immer in Richtung der Schwerkraft.

Das Gewicht von Wasser kennen wir bereits, und auch die Größe der Schwerkraft steht fest. Der variable Faktor ist also hier die Höhe der Wassersäule; sie entspricht bei diesem Experiment dem Abstand vom Boden bis zum Wasserspiegel im Schlauch (bei maximaler Füllung: bis zum Trichter). Und mit ihrer Höhe nimmt auch der ausgeübte Druck rasant zu – so stark, dass du auf der Wärmflasche angehoben wirst!

KAPITEL 8

PHYSIK AUF DEM SPIELPLATZ

AUF SPIELPLÄTZEN LASSEN SICH DIE GRUNDREGELN DER PHYSIK AUFS SCHÖNSTE ERFORSCHEN. DORT SCHWINGST DU AUF PENDELN, RUTSCHST SCHIEFE EBENEN HINUNTER, WIPPST AUF RIESIGEN HEBELN UND KREIST AUF ZENTRIFUGEN.

Der erste moderne Spielplatz wurde in England gebaut; vorher waren Kinder einfach auf den Straßen umhergelaufen, sie rutschten und schaukelten, wo immer sich die Möglichkeit bot. Spielgeräte wie man sie heute auf Spielplätzen findet, gab es nicht.

Im Jahr 1923 stellte der Engländer Charles Wicksteed das erste Schaukelgestell auf einem Spielplatz auf. Es war aus Rohren gebaut, die oben mit Ketten verbunden waren. Es heißt, man schaukelte dort in schwindelerregender Höhe ohne Sicherung, und alle Kinder waren begeistert. Das Vergnügen der Kinder lag Wicksteed am Herzen, und so gründete er schließlich eine Spielgerätefabrik, die bis heute existiert.

Was würdest du erfinden, wenn dich jemand auffordern würde, ein neues Spielgerät zu entwickeln? Vielleicht hast du ja das nächste Mal beim Schaukeln, Rutschen oder Kreiseln eine zündende Idee!

PROJEKT

33 DOSENRENNEN AUF DER RUTSCHE

FINDE HERAUS, WER DAS WETTRENNEN GEWINNT: SUPPE ODER BOHNEN.

Material

- → 2 gleich große und schwere Dosen, die eine mit Flüssigkeit (z. B. Suppe) und die andere mit Bohnen gefüllt
- → Rutsche oder selbst gebaute Rampe
- → Zollstock oder Stab
- → Handy mit Kamera und Stoppuhr (wahlweise)
- → Unterschiedlich hohe, breite und schwere Konservendosen
- → Spielzeugautos und -laster

Wichtige Hinweise

Pass gut auf, dass die herabrollenden Dosen am unteren Ende der Rutsche keine Kinder treffen!

Abb. 1: Starte das Wettrutschen mit einer Suppen- und einer Bohnendose.

Versuchsprotokoll

1. Lege die Dosen nebeneinander ans obere Ende der Rutsche. Mit einem Zollstock oder Stab als Startlinie kannst du die Dosen aus gleicher Höhe losrollen lassen.

2. Welche Dose wird wohl das Rennen gewinnen? Stelle eine Hypothese auf.

Abb. 2: Lass dann eine volle gegen eine leere Dose antreten.

Abb. 3: Nimm eine große und eine kleine Dose und lass sie gleichzeitig hinabrutschen.

Abb. 4: Jetzt probierst du das Wettrennen mit Spielzeugautos aus.

3. Lass die Dosen genau gleichzeitig losrollen und schreibe auf, welche als erste unten ist. Mit einer Handykamera und einer Stoppuhr kannst du die Laufzeit ganz genau messen (Abb. 1).

4. Starte weitere Rennen mit verschieden großen und schweren Dosen (Abb. 2, 3).

5. Veranstalte nun ein Rutschenrennen mit verschieden großen Spielzeugautos. Kannst du schon vorhersagen, welches gewinnen wird? Wie unterscheidet sich das Autorennen vom Dosenrennen? (Abb. 4)

Noch mehr Ideen

1. Lass zwei Dosen mit gleichem Gewicht und Inhalt, aber unterschiedlichem Durchmesser hinabrollen.

2. Mach ein Video von einem Rennen und lege dabei einen Zollstock ans untere Rutschenende.

3. Schau dir das Video in Zeitlupe mithilfe eines Filmbearbeitungsprogramms an, bei dem angezeigt wird, wie viele Einzelbilder pro Sekunde du siehst. Berechne so die Geschwindigkeit der Dosen.

Die Wissenschaft hinter dem Spass

Die Schwerkraft ist dafür verantwortlich, dass wir eine Rutsche hinunterrutschen. Alle Objekte, ganz gleich wie groß oder schwer sie sind, rutschen deshalb eine glatte schiefe Ebene, die keinen Reibungswiderstand bietet, mit derselben Geschwindigkeit hinunter. Beim Rollen liegt die Sache etwas anders.

Am oberen Ende der Rutsche ist die potenzielle Energie der Suppen- und der Bohnendose in etwa identisch, weil ihr Gewicht fast dasselbe ist. Diese Energie wird im Rollen in kinetische (Bewegungs-) Energie umgewandelt. Die Dose, bei der die kinetische Energie vor allem als Translationsenergie (Translation heißt, dass sich alle Anteile eines Objekts bei Bewegung auf dieselbe Art verschieben) vorliegt, rollt am schnellsten.

In der Bohnendose sind alle Bohnen fest zusammengedrückt. Dose und Bohnen müssen beim Herabrollen rotieren; ein großer Anteil kinetischer Energie liegt somit als Rotationsenergie vor.

Bei einer Dose mit flüssigem Inhalt macht der größte Teil der Flüssigkeit die Rollbewegung der Dose gar nicht mit; die Masse in der Dose bewegt sich also größtenteils auf direktem Weg die Rutsche hinunter. Die potenzielle Energie, die sie am oberen Ende der Rutsche hatte, liegt demnach vor allem als Translationsenergie vor. Die Suppendose sollte also schneller unten ankommen als die Bohnendose.

PROJEKT 34

AUF DER SCHAUKEL

Material

→ Spielplatzschaukel

Wichtige Hinweise

Für dieses Experiment müsst ihr zu zweit sein.

Beim ersten Versuch sollte das Kind auf der Schaukel mit den Beinen keinen Schwung holen, sonst klappt es nicht.

Wollt ihr die Periodendauer ermitteln, stoppt die Zeit für zehn Schwingungen und teilt diese durch zehn; so erhaltet ihr einen Durchschnittswert für einen Schaukeldurchgang.

WAS SPIELT SICH PHYSIKALISCH AB, WENN DU SCHAUKELST?

Abb. 4: Bleibt ihr im gleichen Rhythmus?

Versuchsprotokoll

1. Ein Kind setzt sich auf die Schaukel und streckt die Beine nach vorn.

2. Du packst die Schaukel von hinten und ziehst sie möglichst weit nach oben und hinten (Abb. 1).

Abb. 1: Ziehe die Schaukel mit dem anderen Kind möglichst weit nach hinten und oben.

Abb. 2: Beim Zurückpendeln wird dich die Schaukel nicht treffen.

Abb. 3: Versucht beide, synchron zu schwingen.

3. Lass die Schaukel los, ohne sie extra anzuschubsen, und bleib genau da stehen, wo du sie losgelassen hast.

4. Das Kind auf der Schaukel wird zurückschwingen, ohne dich dabei zu berühren (Abb. 2).

5. Versuche, zusammen mit einem anderen Kind auf Schaukeln mit gleicher und ungleicher Kettenlänge synchron zu schwingen (hört gleichzeitig auf, mit den Beinen Schwung zu holen). Was passiert? (Abb. 3, 4)

Noch mehr Ideen

Miss die Periodendauer der Schwingung bei Personen unterschiedlichen Gewichts und bei Schaukeln mit unterschiedlich langer Aufhängung. Wie verändert sie sich? Hängt die Periodendauer davon ab, wie hoch ihr schwingt?

Die Wissenschaft hinter dem Spass

Pendel sind an einer Schnur hängende Gewichte, die sich mithilfe der Schwerkraft bewegen. Sie schwingen erstaunlich gleichmäßig hin und her; je kürzer die Aufhängung, desto schneller schwingt ein Pendel. Schaukeln sind nichts anderes als Pendel. Die Zeit zwischen dem Loslassen der Schaukel und ihrem Wiedereintreffen bezeichnet man als Periodendauer.

Beim Gehen hilft uns die Schwerkraft, denn unsere Beine schwingen wie Pendel vor und zurück. Menschen mit langen Beinen machen meist langsamere Schritte als solche mit kürzeren Beinen. Bei diesem Experiment wirst du feststellen, dass eine Schaukel mit langer Aufhängung langsamer schwingt als eine mit kurzer.

Ein Pendel schwingt nie ganz bis zu dem Punkt zurück, an dem es losgelassen wurde, es sei denn, man gibt ihm zusätzliche Energie mit. Wenn du jemanden auf der Schaukel hochziehst und einfach loslässt, ohne dabei Schwung zu geben, wird dich die Schaukel beim Zurückschwingen nicht treffen.

PROJEKT 35

RELATIVITÄTSTHEORIE MIT PICKNICKDECKE

Material

→ Picknickdecke oder großes Laken

→ Großer Ball, z. B. Fußball oder Basketball

→ Kleinere Bälle, z. B. Tennisbälle

Wichtige Hinweise

Dieses Experiment gelingt am besten, wenn ihr mindestens zu viert seid.

Abb. 3: Welche Kraft zieht die Bälle wieder nach unten auf die Decke?

Versuchsprotokoll

1. Stellt euch im Kreis auf und haltet die Decke möglichst waagerecht und gerade.

2. Legt einen großen Ball in die Mitte der Decke. Was passiert mit der Decke? (Abb. 1)

3. Lasst den großen Ball auf der Decke und legt die kleinen Bälle dazu. Beobachtet, was nun mit der Decke geschieht.

Abb. 1: Legt einen Ball in die Mitte der von euch waagerecht aufgespannten Decke.

Abb. 2: Schleudert den Ball in die Luft und fangt ihn mit der Decke wieder auf.

4. Schleudert die Bälle so hoch in die Luft, wie ihr könnt, und versucht, sie mit der Decke wieder aufzufangen. Was lässt sie wieder herabfallen? (Abb. 2, 3)

Noch mehr Ideen

Führt dasselbe Experiment auf einem Trampolin durch, wobei eine Person in der Mitte sitzt. Rollen die Bälle zu dieser Person in die Mitte?

Die Wissenschaft hinter dem Spass

Der berühmte Wissenschaftler Albert Einstein entwickelte ein ganz neues Bild von Raum und Zeit. Er stellte sich vor, sie seien miteinander verwoben und bildeten zusammen ein Ganzes, so wie die Decke, die ihr mit den Händen aufgespannt haltet.

Seiner Allgemeinen Relativitätstheorie zufolge verursachen massive Körper wie Sterne und Planeten Verzerrungen und Krümmungen in der flexiblen Raumzeit, ähnlich dem schweren Ball auf eurer Decke.

Die Erde und die anderen Planeten, die die Sonne umkreisen, bewegen sich auf gekrümmten Umlaufbahnen in der Raumzeit unseres Sonnensystems. Diese gekrümmten Bahnen sind durch den schweren Stern im Zentrum – die Sonne – bedingt. Wie ihr seht, rollen die kleinen Bälle auf der Decke dorthin, wo der große Ball die Decke nach unten wölbt.

Die hochgeworfenen Bälle werden von derselben Kraft wieder nach unten gezogen, die auch den Mond nahe der Erde und die Planeten nahe der Sonne hält: der Schwerkraft.

KAPITEL 9

LANDBAU IM GARTEN

GERSTE, REIS, WEIZEN, ERBSEN UND KÜRBIS ZÄHLTEN ZU DEN ERSTEN PFLANZEN, DIE UNSERE VORFAHREN ANBAUTEN. Über Jahrtausende hinweg haben Menschen Samen von Pflanzen, die schnell wachsen, wenig anfällig für Schädlinge sind und schmackhafte Nahrung hervorbringen, wie Schätze gehütet. Lange bevor Forscher in Labors mit pflanzlicher DNA experimentierten, züchteten Bauern und Gärtner gezielt neue Sorten und Hybriden und perfektionierten das Ergebnis durch Kreuzung und Veredelung.

An die heutige Landwirtschaft werden viele Anforderungen gestellt. Trotz aller wissenschaftlichen Erkenntnisse sind neben der Lebensmittelsicherheit und der Kulturpflanzenvielfalt auch besonders empfindliche Ökosysteme gefährdet; zugleich muss eine immer größere Anzahl von Menschen ernährt werden. Für den Fall einer landwirtschaftlichen Apokalypse haben Vordenker einen Saatguttresor auf Spitzbergen eingerichtet, in dem gefrorene Samen von Tausenden Pflanzenarten lagern.

Mit Wasser, Sonnenlicht, Wärme und nährstoffhaltiger Erde kannst auch du Nahrungspflanzen anbauen. In diesem Kapitel lässt du diese um die Wette wachsen, du kompostierst Küchenabfälle und erfährst, welche Besucher in deinem Garten ein und aus gehen.

PROJEKT 36

DIE CHEMISCHEN WAFFEN DER PFLANZEN

Material

- Blumenkasten oder mehrere kleine Blumentöpfe
- Blumenerde
- Hölzerne Eisstiele oder andere Schildchen
- Unterschiedliche Testsubstanzen, z. B. Zitrone, Orange, Walnüsse, Kiefernnadeln sowie Minz-, Eukalyptus-, Chrysanthemen- oder Tomatenblätter
- Mörser und Stößel, Küchenmaschine oder ein anderes Gerät zum Zerkleinern der Nüsse
- Zitrusreibe
- Chia- oder Radieschensamen

Wichtige Hinweise

Wer gegen Walnüsse allergisch ist, sollte entsprechend vorsichtig arbeiten.

SÄE PFLANZEN AN UND BEOBACHTE, WIE SIE IHREN PLATZ MITHILFE CHEMISCHER TRICKS VERTEIDIGEN.

Abb. 3: Mische die Testsubstanzen in die Erde.

Versuchsprotokoll

1. Fülle den Kasten oder die Töpfe mit Blumenerde.

2. Unterteile den Kasten mit Eisstielen. Stecke für jede Testsubstanz, die du untersuchen willst, ein Abteil ab. In ein Abteil kommt keine Testsubstanz – das ist dein Kontrollabteil. Markiere jedes

Abb. 1: Zermahle die Walnüsse oder zerkleinere die Blätter.

Abteil mit einem beschrifteten Eisstiel oder Schildchen. Wenn du einzelne Töpfe benutzt, markierst du für jede Substanz einen Topf. Außerdem hältst du einen Topf für die Kontrolle bereit.

3. Zermahle die Nüsse, reibe die Schalen von Zitrone und Orange ab und zerschneide oder zerreibe die Minz-, Eukalyptus-, Chrysanthemen- oder Tomatenblätter sowie die Kiefernnadeln – das sind deine Testsubstanzen. Diese gibst du in den entsprechend beschrifteten Abteilen auf die Erde (Abb. 1, 2).

4. Mische jeweils eine Substanz sieben bis zehn Zentimeter tief unter die Erde des Abteils oder Topfes. Reinige zwischendurch dein Werkzeug, damit nichts übertragen wird. Das Kontrollabteil bleibt so, wie es ist – es bekommt keine Testsubstanz untergemischt (Abb. 3).

5. Säe nun Chia- oder Radieschensamen in alle Abteile oder Töpfe. Setze jeweils dieselbe Anzahl Samen in kleine Löcher oder mische jeweils ein paar Teelöffel (15–20 g) in die Erde.

6. Vorsichtig gießen.

7. Schaue jeden Tag nach den Samen. Schreibe auf, wann sie in welchem Abteil keimen und welche Substanzen sie offenbar am Keimen oder Wachsen hindern (Abb. 4).

Abb. 2: Reibe die Schale von der Zitrone ab.

Abb. 4: In welchem Abteil keimen die Samen gut, in welchem weniger gut oder gar nicht?.

Noch mehr Ideen

Sammle invasive (d. h. nicht einheimische) Pflanzen wie Schwarzen Senf oder Spätblühende Traubenkirsche und prüfe, ob ihre Blätter und Samen oder Früchte allelopathisch (siehe Text rechts) wirken.

Die Wissenschaft hinter dem Spass

Pflanzen brauchen Platz. Manche bilden sogar spezielle Substanzen aus, mit denen sie andere Pflanzen auf Abstand halten, indem sie deren Keimung verhindern. Die keimhemmende Wirkung einer Pflanze bezeichnet man als Allelopathie, was in etwa »gegenseitiges Leiden« bedeutet. Manche dieser Substanzen sind giftig für die Konkurrenten, andere stören die nützlichen Beziehungen zwischen den Pflanzen und anderen wichtigen Organismen wie Pilzen. In jedem Fall verschafft sich eine Pflanze mehr Platz zum Wachsen, wenn sie die Keimung anderer in ihrer Nachbarschaft verhindert.

Invasive Arten, die aus anderen Gegenden eingeschleppt wurden, bilden oft besonders wirksame allelopathische Substanzen aus, was vielleicht erklärt, weshalb sie sich in einer neuen Umgebung so erfolgreich ausbreiten.

Viele Pflanzen geben die allelopathischen Substanzen über ihre Wurzeln in die Erde ab. Die Effekte lassen sich nicht leicht im Experiment nachvollziehen. Aber es ist spannend, die allgemeine allelopathische Wirkung der Pflanzenteile auf die Keimung von Samen zu beobachten.

PROJEKT 37 VIELFÄLTIGES LEBEN IM KOMPOST

HIER ERFÄHRST DU ETWAS ÜBER DEN KREISLAUF DER NÄHRSTOFFE UND STELLST DEINEN EIGENEN GARTENDÜNGER HER.

Material

- Kompostierbare Küchenabfälle wie Kaffeesatz, Obst- und Gemüseabschnitte, Eierschalen
- 2 Behälter, z. B. Eimer
- 2 kleine Plastikstücke, z. B. die Verschlüsse von Milchkartons
- Spaten
- Bodenthermometer oder Fleischthermometer

Wichtige Hinweise

Erkundige dich vor dem Graben bei dem für euren Garten zuständigen Stromversorger, ob dort Erdkabel liegen.

Dieses Experiment gelingt am besten in den warmen Monaten.

Abb. 3: Fülle das Kompostgut in die Löcher.

Versuchsprotokoll

1. Hebe kompostierbare Küchenabfälle auf und verteile sie gleichmäßig auf zwei Behälter. Stecke in jeden Behälter ein Stückchen Plastik. So kannst du beobachten, was in Komposthaufen oder auf Müllhalden mit Plastik geschieht (Abb. 1).

Abb. 1: Sammle kompostierbare Küchenabfälle.

Abb. 2: Grabe zwei Löcher in die Erde.

2. Grabe zwei etwa 30 cm tiefe Löcher in die Erde (Abb. 2).

3. Entleere je einen Kompostbehälter in ein Loch und bedecke es mit Erde (Abb. 3).

4. Beschrifte einen Komposthaufen mit »Wasser« und den anderen mit »kein Wasser«.

5. Gieße den mit »Wasser« beschrifteten Haufen ungefähr einmal täglich.

6. Miss beim Gießen mit einem Bodenthermometer oder einem anderen metallischen Thermometer die Temperatur im Komposthaufen. Notiere die Werte und vergleiche sie mit der Temperatur der umgebenden Erde (Abb. 4).

7. Grabe nach einigen Wochen den Kompost aus und schau nach, wie gut die Bestandteile zersetzt sind. Breite die Masse dazu auf einer Plane oder Ähnlichem aus.

8. Fülle den Kompost wieder in den Boden und verteile ihn als Dünger im Garten, wenn alles Material vollständig kompostiert ist. Die Plastikstückchen, die ja nicht verrotten, gibst du in den Recyclingmüll.

Abb. 4: MIss die Temperatur des Kompostes.

Noch mehr Ideen

1. Probiere aus, wie sich ein Verdichten des Kompostes (und die damit verringerte Sauerstoffzufuhr) oder die Zugabe von Grasschnitt oder Laub auf die Kompostierung auswirken.

2. Notiere, wie viele Regenwürmer du in und neben deinem Komposthaufen findest.

Die Wissenschaft hinter dem Spass

In allen Ökosystemen durchlaufen die Nährstoffe einen ständigen Kreislauf. Primärproduzenten wie die Pflanzen entnehmen sie der Erde und der Luft, können wachsen und dienen vielen Tieren als Nahrung, die vielleicht später selbst gefressen werden. Wenn Pflanzen und Tiere sterben, werden sie zersetzt, und die freigesetzten Nährstoffe werden wieder von den Pflanzen aufgenommen.

Zersetzer, zu denen Bakterien und Pilze zählen, heißen Destruenten. Sie ernähren sich von abgestorbener organischer Materie. In einem feuchten, gesunden Komposthaufen vermehren sie sich schnell und produzieren so viel Wärme, dass Schädlinge und sogar bestimmte schädliche Bakterien abgetötet werden. Zersetzer brauchen Wasser, um sich vermehren bzw. wachsen zu können; einige sind auch auf Sauerstoff angewiesen. Deshalb sollte man den Kompost nach einiger Zeit vorsichtig umsetzen und dadurch belüften.

Mit einem Komposthaufen kannst du alle verwertbaren Abfälle nutzen und nährstoffreichen Gartendünger herstellen!

PROJEKT 38

WETTBEWERB IM PFLANZENWACHSEN

Material

- → Blumenkasten oder mehrere kleine Töpfe
- → Blumenerde
- → Hölzerne Eisstiele oder andere Schildchen
- → Verschiedene Samen und Bohnen

Wichtige Hinweise

Achtung: Bohnen stellen bei Verschlucken für Kleinkinder ein Erstickungsrisiko dar.

BEI DER BOTANISCHEN OLYMPIADE GEHEN VERSCHIEDENE PFLANZEN AN DEN START.

Abb. 4: Welche Pflanze wächst am schnellsten?

Versuchsprotokoll

1. Fülle die Behälter mit Blumenerde.

2. Unterteile Blumenkästen in verschiedene Bereiche und kennzeichne diese mit Eisstielen. Jede ausgesäte Pflanzenart erhält ein eigenes Abteil.

3. Beschrifte jeden Topf bzw. jedes Abteil mit dem Namen der Pflanze (Abb. 1).

Abb. 1: Unterteile und beschrifte den Pflanzbehälter.

Abb. 2: Säe die Samen und Bohnen nach Anleitung aus.

4. Säe Samen oder stecke Bohnen in die Töpfe oder Abteile. Beachte dabei die Packungsanleitung (Abb. 2).

5. Vorsichtig gießen (Abb. 3).

6. Schreibe in dein wissenschaftliches Notizbuch eine Vermutung (Hypothese) darüber, welche Pflanzen wohl am schnellsten wachsen werden, und begründe deine Annahme.

7. Beobachte die Pflanzen einige Wochen lang. Miss und notiere, um wie viele Zentimeter sie nach dem Keimen täglich wachsen und wann sie Blätter ansetzen (Abb. 4).

8. Prüfe nach, ob du mit deiner Hypothese recht hattest.

Abb. 3: Gieße den Pflanzbehälter ganz vorsichtig.

Noch mehr Ideen

1. Trage deine Messungen in ein Koordinatensystem ein, sodass für jede Samenart eine Wachstumskurve entsteht. Wachsen die Pflanzen immer gleich schnell?

2. Lass Samen derselben Art gegeneinander antreten, aber gieße sie mit unterschiedlichen Flüssigkeiten. Als Kontrolle dient Leitungswasser.

3. Wie beeinflusst das Platzangebot das Wachstum? Vergleiche sehr dicht gesäte Samen mit solchen, die in großem Abstand zueinander keimen können.

Die Wissenschaft hinter dem Spass

Schnell wachsende Pflanzen sind gegenüber ihren Nachbarn im Vorteil, weil sie Nährstoffe, Platz und Sonnenlicht vor diesen für sich beanspruchen. Manche Bambusarten wachsen im Wettlauf um Sonnenlicht sogar bis zu 20 cm am Tag! Es ist sehr interessant, unterschiedliche Pflanzenarten beim Wachsen zu beobachten und herauszufinden, ob sie nur anfangs oder die ganze Zeit über schnell wachsen.

Zum Wachsen nehmen die Samen Wasser auf, um so Nährstoffe und Enzyme als Energielieferanten zu erhalten. Das Erste, was beim Keimen erscheint, ist daher eine winzige Wurzel. Dann folgt der Spross, der zum Licht wächst. Unter Lichteinfluss nimmt die Pflanze eine grüne Farbe an und bildet Blätter aus.

Wie würden die Ergebnisse dieses Projekts wohl ausfallen, wenn du das Pflanzenwettrennen im Dunkeln veranstalten würdest? Probiere es aus!

PROJEKT 39

GÄSTEBUCH FÜR GARTENBESUCHER

Material

- Notizbuch
- Garten
- Lupe
- Kamera (wahlweise)
- Taschenlampe

Wichtige Hinweise

Halte zu verschiedenen Zeiten am Tag Ausschau nach den tierischen Gästen im Garten.

Versuchsprotokoll

1. Führe auf ein paar Seiten deines wissenschaftlichen Notizbuchs eine »Besucherliste« für euren Garten (Abb. 1).

2. Beobachte Blumen- und Gemüsebeete: Welche Tiere sind dort anzutreffen? Schau auch unter Blätter und auf die Erde, auf Pflanzen und in die Luft. Benutze die Lupe, um ganz genau hinzusehen (Abb. 2, 3).

3. In deinem Gästebuch für Gartenbesucher kannst du Notizen und Zeichnungen machen oder Fotos einkleben. Schreib auf, an welchen Tagen und um welche Uhrzeit du die Tiere gesehen hast, auf oder bei welchen Pflanzen sie sich aufhielten und was sie dort offenbar taten (Abb. 4).

Abb. 1: Führe ein Gästebuch für tierische Gartenbesucher.

4. Versuche, die beobachteten Tiere wie Vögel, Amphibien, Insekten und andere Wirbellose zu bestimmen.

5. Gehe an mehreren Tagen hintereinander zu unterschiedlichen Zeiten in den Garten. Abends bei Dunkelheit kannst du mit der Taschenlampe nachtaktive Tiere beobachten.

Abb. 2: Findest du auch Spinnen?

Abb. 3: Vielleicht entdeckst du eine Kröte.

Abb. 4: Zeichne und beschreibe die von dir beobachteten Besucher.

Noch mehr Ideen

Hast du auch räuberisch lebende Tiere wie z. B. Spinnen entdeckt? Versuche, die Nahrungskette im Garten – mitsamt den Pflanzen – darzustellen. An welcher Stelle in der Nahrungskette ist dein Platz?

Die Wissenschaft hinter dem Spass

Einige Gärtner gehen mit chemischen Unkraut- und Insektenvernichtungsmitteln gegen »Lästlinge« vor. Manche Substanzen können jedoch der Umwelt und anderen Tieren schaden. Viel interessanter ist es, die Chemiekeule einzupacken und Unkraut von Hand zu jäten – so sieht man, wer da alles im Garten unterwegs ist. In einem gesunden, artenreichen Garten werden selbst Schädlinge wie die Blattläuse von natürlichen Feinden wie Marienkäfern und Schlupfwespen in Schach gehalten.

Ein Gästebuch für Gartenbesucher gibt dir Einblick in eine andere Welt und verdeutlicht, dass jede Tierart ein Teil des Ganzen – des Ökosystems im Garten – ist. Von Regenwürmern über Insekten bis hin zu den Vögeln besetzt jedes Lebewesen eine Nische und erfüllt eine Aufgabe, sowohl in einem so kleinen Ökosystem wie eurem Garten wie auch im riesig großen Ökosystem der Erde.

KAPITEL 10
FASZINIERENDE ÖKOLOGIE

DAS WORT »ÖKOSYSTEM« BESCHREIBT DIE UNTRENNBAR MITEINANDER VERFLOCHTENEN BEZIEHUNGEN ZWISCHEN DEN LEBEWESEN, IHRER UMWELT UND ALLEN ORGANISMEN DARIN. Manche Ökosysteme, wie beispielsweise ein zerfallender Baumstumpf, sind zwar sehr klein, aber dennoch ist jedes der Teil eines größeren Ökosystems, z. B. einer Insel oder eines Regenwalds.

Alle Lebewesen brauchen gesunde Ökosysteme zum Überleben. Die Ressourcen auf der Erde sind begrenzt, und was einem Ökosystem widerfährt, hat oft auch Auswirkungen auf andere Ökosysteme, manchmal sogar überall auf der Welt.

Derzeit sterben ungewöhnlich viele Arten aus, meist infolge menschlichen Handelns. Wissenschaftler, die sich mit der Erde, unserer Umwelt und den Lebewesen darin beschäftigen, versuchen herauszufinden, wie wir das empfindliche Gleichgewicht des Ökosystems Erde, von dem wir alle abhängig sind, am besten schützen können.

Die Projekte in diesem Kapitel machen dich besser mit den Ökosystemen in deiner Umgebung bekannt. Du wirst staunen, wie viele Arten du in eurem Garten oder Hinterhof entdecken kannst!

PROJEKT 40

FALLGRUBEN FÜR KLEINTIERE

STELLE DEN KLEINEN KRABBLERN FALLEN, UM SIE ZU BEOBACHTEN

Material

- Schaufel
- Sammelbehälter (z. B. Becher, Eimer, Dose)
- Plastikdeckel, etwas größer als der Behälter (wahlweise)
- Steine zum Abstützen des Deckels (wahlweise)
- Weißes Tuch
- Lupe

Wichtige Hinweise

Baue deine Fallen keinesfalls dort, wo Menschen hineintreten könnten.

An schattigen Stellen fängst du vermutlich mehr Insekten als an sonnigen.

Fasse Insekten nur dann mit bloßen Händen an, wenn du weißt, dass sie weder beißen noch stechen.

Abb. 3: Schau nach, wer in die Falle gegangen ist.

Versuchsprotokoll

1. Suche einen geeigneten Platz für deine Fallgrube. In Gärten und in der Nähe von Bäumen lassen sich Arthropoden (Gliederfüßer) gut fangen.

Abb. 1: Grabe ein Loch für den Sammelbehälter.

Abb. 2: Decke die Fallgrube mit einem erhöhten Deckel ab.

2. Grabe mit der Schaufel ein Loch, das etwas tiefer ist als dein Sammelbehälter (Abb. 1).

3. Setze den Behälter in das Loch und gib Erde um ihn herum, sodass sein Rand plan mit dem umgebenden Boden ist.

4. Tarne den Rand des Behälters mit Blättern, wenn du möchtest.

5. Lege Steine um den Rand des Behälters und einen Deckel darauf. Das schützt die gefangenen Tiere bei Regen vor dem Ertrinken (Abb. 2).

6. Schaue täglich nach, welche Tiere in der Falle sitzen (Abb. 3). Schüttle den Fang vorsichtig auf ein weißes Tuch oder Handtuch.

7. Beobachte alle Arthropoden mit der Lupe. Notiere ihre ungefähre Größe und zeichne sie in dein Notizbuch. Lass die Tiere anschließend dort wieder frei, wo du sie gefangen hast (Abb. 4).

8. Versuche, die Arten der Tiere aus deiner Fallgrube mithilfe von Bestimmungsbüchern herauszufinden.

Abb. 4: Beobachte die gefangenen Tiere.

Noch mehr Ideen

Baue Fallgruben im Wald, auf einer Fläche mit hohem Gras, Kraut und Wildblumen und auf einer kurz geschorenen Rasenfläche. Wie unterscheiden sich deine Fänge?

Die Wissenschaft hinter dem Spass

Insekten, Spinnentiere und andere Arthropoden (Gliederfüßer) erfüllen in den Ökosystemen der Erde wichtige Funktionen. Manche, wie die bestäubenden Bienen, sind nützlich für uns, andere, wie die Borreliose übertragenden Zecken, schaden uns eher. Wenn wir verstehen, warum Insektenpopulationen wachsen oder schrumpfen, können wir nützliche Krabbler fördern und schädliche bekämpfen. Da Arthropoden vielen größeren Tieren als Nahrung dienen, hat ihr Vorkommen oft merkliche Auswirkungen auf die Populationen von Vögeln und Fledermäusen.

Ökologen benutzen Fallgruben zur Erforschung bodenbewohnender Arthropoden. Mit zunehmender Erderwärmung breiten sich viele Arten nach Norden aus; wir sehen inzwischen Arten, die es zuvor bei uns nicht gab.

PROJEKT 41

ALGEN-AQUARIUM

MATERIAL

- Durchsichtige Behälter (Gläser oder Schüsseln)
- Stilles Mineralwasser oder über Nacht abgestandenes Leitungswasser
- Kleine Behälter zur Probenentnahme
- 1/2 TL Zucker pro Behälter
- Mikroskop (wahlweise)

WICHTIGE HINWEISE

Kleine Kinder am Wasser nie unbeaufsichtigt lassen!

FINDE HERAUS, IN WELCHEM WASSER ALGEN WACHSEN.

Abb. 3: Suche verschiedene Wasserstellen auf, von denen du Proben nimmst.

VERSUCHSPROTOKOLL

1. Fülle mehrere Behälter zur Hälfte mit chlorfreiem Wasser (Abb. 1).

2. Überlege dir, wo Algen wachsen: in Teichen, Bächen, Pfützen und Wasserbecken. Aus diesen Wasserstellen kannst du später Proben entnehmen. Beschrifte jeden Behälter.

Abb. 1: Gieße chlorfreies Wasser in die Behälter.

Abb. 2: Entnimm Wasserproben.

3. Entnimm kleine Wasserproben von den Stellen, die du ausgewählt hast, und gib sie in die entsprechenden Behälter mit chlorfreiem Wasser. Füge etwas Zucker hinzu, um das Algenwachstum zu fördern (Abb. 2, 3).

4. Lege die Deckel lose auf die Behälter oder lass diese einige Wochen lang offen an einer überdachten Stelle stehen. Beobachte, ob Algen wachsen. Fülle bei Bedarf mit mehr chlorfreiem Wasser auf. Notiere in dein Notizbuch, ob Algen wachsen und welche Farbe sie in den unterschiedlichen Proben haben (Abb. 4).

5. Betrachte die Algen unter dem Mikroskop, wenn du eines hast. Was kannst du erkennen?

Abb. 4: Wo wachsen Algen?

Noch mehr Ideen

Viele Metalle behindern das Wachstum von Algen und anderen Mikroorganismen. Überlege dir selbst einen Versuchsaufbau und prüfe mit einer deiner Algenkulturen, welche Metalle (z. B. Münzen) das Algenwachstum verlangsamen. Halte auch ein Kontrollgefäß ohne Zusatz bereit, mit dem du die anderen Behälter vergleichen kannst. Schreibe all deine Beobachtungen in deinem Notizbuch auf.

Die Wissenschaft hinter dem Spass

Algen erscheinen manchmal als Ärgernis, etwa wenn man in einem See schwimmen will und dieser über Nacht ganz grün geworden ist. Wenn du am Meer lebst oder in den Ferien ans Meer fährst, hast du sicher schon einmal davon gehört, dass Massenvermehrungen bestimmter Algen – die sogenannten Algenblüten – zu »roten Fluten« führen können. Diese bilden giftige Substanzen. Algenblüten sind heute an vielen Orten ein großes Problem, denn zu viel Dünger aus der Landwirtschaft landet in Seen und Bächen. Andererseits gelten Algen als mögliche alternative Energiequellen.

Doch das ist nur unsere menschliche Sicht der Dinge. Die Nahrungskette, die den Energiekreislauf im Ökosystem Erde darstellt, zeigt auf, warum Algen so wichtig sind. Sie sind Primärproduzenten wie die Pflanzen und bilden mithilfe von Sonnenenergie Kohlenhydrate und Sauerstoff aus Kohlendioxid und Wasser. Die Primärproduzenten werden von Konsumenten, z. B. Fischen, gefressen, die ihrerseits auf dem Speiseplan anderer Konsumenten (z. B. Bären) stehen. So gelangt die Energie von einem Organismus in den nächsten. Ohne die Nährstoffe und den Sauerstoff der Primärproduzenten gäbe es uns Menschen gar nicht auf der Welt.

PROJEKT 42

VOLKSZÄHLUNG BEI DEN ASSELN

Material

- → Bandmaß
- → Stäbe oder Stöcke
- → Schnur
- → Behälter für die Asseln, z. B. ein leeres Plastikgefäß
- → Notizbuch
- → Weißer Korrekturstift

Wichtige Hinweise

Achte beim Hochheben von Steinen auf Hundertfüßer, sie könnten versuchen zu beißen, wenn sie sich bedroht fühlen.

Suche unter Steinen, Mulch, Holz und Pflasterplatten nach den Asseln.

Abb. 3: Markiere die Tiere mit dem weißen Korrekturstift.

FANGE UND KENNZEICHNE ASSELN, UM IHRE POPULATIONSGRÖSSE ZU ERMITTELN.

Versuchsprotokoll

1. Suche eine Stelle, an der Asseln (z. B. Keller-, Mauer- oder Rollasseln) leben. Schaue unter Steinen und Holz nach (Abb. 1).

2. Vermiss und markiere die Fläche, die du untersuchen willst, mit Bandmaß, Stäben und einer Schnur. Du könntest beispielsweise eine 2 x 2 m große Fläche abstecken.

3. Hebe einen Stein auf der markierten Fläche hoch, sammle alle Asseln ein, die du findest, setze sie in einen Behälter und zähle sie. Schreibe die Gesamtzahl in dein Notizbuch (Abb. 2).

4. Markiere jede Assel vorsichtig mit einem kleinen weißen Punkt aus dem Korrekturstift (Abb. 3).

Abb. 1: Suche eine Stelle, an der unter Steinen und Holz Asseln leben.

Abb. 2: Suche unter Steinen, die du anheben kannst.

5. Lege den Stein wieder an Ort und Stelle und setze die Asseln daneben frei. Lass deine Flächenmarkierung stehen.

6. Suche nach ein paar Tagen auf derselben Fläche wieder Asseln. Notiere ihre Gesamtzahl und wie viele von ihnen eine weiße Markierung tragen (Abb. 4).

7. Teile die Zahl dieser markierten Asseln durch die Gesamtzahl der diesmal gefangenen Asseln. Teile dann die Zahl der Asseln, die du am ersten Tag markiert hast, durch das Ergebnis. So erhältst du ungefähr die Zahl der Asseln, die an dieser Stelle leben.

Abb. 4: Fange nach ein paar Tagen an derselben Stelle erneut Asseln. Wie viele tragen deine weiße Markierung?

Noch mehr Ideen

Überlege dir, auf welche Weise du eine Zählung in einem Nationalpark durchführen würdest: Welche Tiere würdest du dafür auswählen? Wie würdest du sie markieren? Wann würdest du sie zum zweiten Mal fangen und für welchen Zweck könntest du die Ergebnisse deiner Zählung nutzen?

Die Wissenschaft hinter dem Spass

Ob sie Bären mit Senderhalsbändern versehen oder Schlangen mit Markierungen – Wissenschaftler wenden die Methode des Einfangens, Markierens und Freilassens oft an, um Tierpopulationen zu erforschen. Dieses Vorgehen erweist sich als besonders praktisch, wenn sich in einem großen Gebiet wie beispielsweise einem Nationalpark nicht alle Einzeltiere fangen oder zählen lassen.

Durch das Fangen von Asseln an unterschiedlichen Tagen, aber auf derselben Fläche kannst du die Populationsgröße der in diesem Gebiet lebenden Asseln abschätzen. Teile dazu die Gesamtzahl der markierten Asseln durch den Anteil der markierten Asseln, die du beim zweiten Mal fängst.

Wenn du zehn Asseln auf einer Fläche von einem Quadratmeter gefangen, markiert und freigelassen hast und eine Woche später zwei von wiederum zehn gefangenen Asseln (also 20 Prozent) markiert sind, teilst du zehn durch 0,2 und kommst so auf etwa 50 Asseln, die dort leben.

PROJEKT 43

NACHTWANDERUNG IM MONDSCHEIN

MATERIAL

- Naturführer für die Region
- Sternenkarte oder Sternen-App
- Insektenspray
- Bequeme Schuhe

WICHTIGE HINWEISE

Geht in der Dämmerung in der Gruppe los und kleidet euch der Witterung entsprechend.

Macht eure Nachtwanderung kurz vor oder bei Vollmond, sodass ihr etwas sehen könnt.

Nehmt Taschenlampen mit, benutzt sie aber nur bei Bedarf. Eure Augen gewöhnen sich an die Dunkelheit.

Wandert in einer Gegend, die ihr gut kennt, und bleibt auf den Wegen. Manche Naturschutzzentren bieten auch geführte Nachtwanderungen an.

ERLEBE BEI EINER NÄCHTLICHEN WANDERUNG, WIE VIEL ES IM DUNKELN ZU SEHEN UND ZU HÖREN GIBT.

Abb. 4: Macht eine Nachtwanderung bei Vollmond.

VERSUCHSPROTOKOLL

1. Werdet ihr im Wald, in den Dünen oder auf Feldern und Wiesen unterwegs sein? Ist Sommer oder Winter? Recherchiert im Vorfeld, welche Tiere ihr nachts sehen und hören könntet. Aus einer Sternenkarte oder -App könnt ihr erfahren, welche Sternbilder zu sehen sind.

Abb. 1: Startet eure Tour, wenn die Sonne untergeht.

Abb. 2: Eure Augen gewöhnen sich rasch an die Dunkelheit.

2. Reibt euch mit Mückenmittel ein und zieht bequemes Schuhwerk an. Geht gemeinsam los, wenn die Sonne untergeht (Abb. 1).

3. Geht leise und bleibt öfter stehen, um zu lauschen. Eure Augen brauchen bis zu eine halbe Stunde, um sich an das Sehen im Dunkeln zu gewöhnen. Verändern sich die Geräusche, wenn es dunkler wird? (Abb. 2)

4. Achtet auf Heuschrecken und Grillen. Ihr Zirpen verstummt, wenn ihr ihnen zu nahe kommt. Könnt ihr die Geräusche und Rufe von Insekten, Vögeln und anderen Tieren unterscheiden? (Abb. 3)

5. Schließt eure Augen und atmet tief ein. Riecht die Luft nachts anders als am Tag? (Abb. 4)

6. Betrachtet die Sterne. Entdeckt ihr den Großen Wagen oder die Milchstraße?

7. Achtet auf das Quaken von Fröschen. Hört ihr vielleicht unterschiedliche Rufe?

Abb. 3: Schließt die Augen und lauscht.

Noch mehr Ideen

Nehmt eine UV- bzw. Schwarzlichtlampe mit. Manche Lebewesen (z. B. Pilze und Flechten) fluoreszieren unter Schwarzlicht.

Die Wissenschaft hinter dem Spass

Die Welt ist nachts eine andere. Nachts sehen wir mit anderen Netzhautzellen als am Tag, Singvögel verstummen, versteckt lebende Tiere kommen hervor, und es ertönt ein nächtlicher Chor aus Rufen und Zirpen. Unsere gut entwickelten, aber oft unterforderten Sinne Hören, Riechen und sogar Fühlen sind bei schwachem Licht viel aktiver.

Grillen sind nicht nur gute Musiker, sondern zählen zu den wechselwarmen Tieren, die die Temperatur ihrer Umgebung annehmen. Das beeinflusst die Geschwindigkeit, mit der chemische Reaktionen in ihrem Körper ablaufen, und das wiederum beeinflusst das Tempo, in dem sie zirpen. Männchen zirpen, um Weibchen anzulocken und andere Männchen fernzuhalten. Dazu ziehen die Grillen den gezackten Rand eines Flügels über den Rand des anderen Flügels hinweg. Ist es kühler als 13 °C, sind die Grillen in der Regel nicht aktiv. Die amerikanische Grillenart *Oecanthus fultoni* zeigt mit ihrer Zirpfrequenz sogar die Temperatur sehr genau an.

PROJEKT 44

PFLANZENARTEN IM QUADRAT

SO UNTERSUCHST DU PFLANZENGESELLSCHAFTEN AUF WISSENSCHAFTLICHE ART.

Material

- → 4 Stäbe oder Eisstiele
- → Maßband oder Zollstock
- → Etwa 5 m Schnur oder Wollfaden
- → Notizbuch
- → Pflanzenführer oder -App

Wichtige Hinweise

Stelle dein Quadrat möglichst nicht dort auf, wo Giftpflanzen wachsen (Riesenbärenklau, Tollkirsche, Fingerhut etc.).

Nimm ein paar Reservestäbe mit, falls welche zerbrechen.

Abb. 4: Die Seitenlänge des Quadrats sollte etwa einen Meter betragen.

Versuchsprotokoll

1. Suche eine Stelle, die du untersuchen willst, z. B. in einem lichten Wald.

2. Stecke an einer beliebigen Stelle einen Stab in die Erde.

3. Miss einen Meter ab und stecke in diesem Abstand zum ersten Stab einen zweiten Stab in die Erde (Abb. 1).

4. Spanne eine Schnur zwischen den Stäben auf.

5. Stecke in jeweils etwa einem Meter Abstand zu den ersten beiden zwei weitere Stäbe auf, sodass ein Viereck (in diesem Fall ein Quadrat) entsteht (Abb. 2).

6. Verbinde die Stäbe mit der Schnur; du hast nun eine Fläche von rund einem Quadratmeter abgesteckt (Abb. 3, 4).

7. Zähle, wie viele Bäume und andere Pflanzen auf diesem Quadratmeter wachsen, und schreibe die Zahlen in dein Notizbuch.

Abb. 1: Miss ein Quadrat aus.

Abb. 2: Stecke Stäbe in die Ecken.

Abb. 3: Spanne die Schnur zwischen den Stäben auf.

8. Versuche, die Pflanzen in dem abgesteckten Quadrat zu bestimmen. Wie viele gibt es von jeder Art?

9. Nimm die Stäbe wieder heraus, gehe zwei Meter in eine beliebige Richtung und wiederhole die Schritte 2 bis 8.

10. Wenn du mindestens zwei Stichproben durchgeführt hast, vergleichst du die Ergebnisse. Ist die Anzahl von Pflanzen und Arten in jedem Quadrat gleich oder gibt es deutliche Unterschiede?

Noch mehr Ideen

1. Entwirf und baue einen quadratischen Rahmen aus Holz oder Metall.

2. Berechne für jede Pflanzenart, die du hier bestimmst, die Bestandsdichte.

3. Rechne aus, wie viele Quadrate es ungefähr brauchen würde, um das gesamte Ökosystem zu untersuchen, in dem du gerade arbeitest.

Die Wissenschaft hinter dem Spass

Das Auszählen auf abgeteilten Flächen ist eine von vielen Wissenschaftlern genutzte Methode, um sich ein Bild von der Anzahl der Pflanzen- und Tierarten in einem bestimmten Gebiet zu machen. Viele Wissenschaftler benutzen starre hölzerne oder metallene Rahmen für diese Sammelarbeit. Flexible Abgrenzungen wie in diesem Projekt eignen sich jedoch besser für Orte mit Baumbestand.

Der Aufbau eines solchen Stichprobenversuchs richtet sich danach, welche Informationen du bekommen willst. Wenn du den Bestand einer großen Baumart ermitteln möchtest, muss die jeweils abgesteckte Fläche natürlich größer sein.

KAPITEL 11

GEOWISSEN-SCHAFTEN

HÖHLEN SIND UNTERIRDISCHE HOHLRÄUME, DIE DURCH WASSER ODER VULKANISMUS ENTSTANDEN SIND.
In ihrem geschützten Inneren lagern sich durch herabtropfendes Wasser oftmals Mineralien ab, die Tropfsteine wie Stalagtiten und Stalagmiten sowie Kristalle bilden können.

Die größten Kristalle der Welt findet man in der »Höhle der Kristalle«. Sie liegt in der Mine von Naica in Mexiko und ist wunderschön – und warm: Die Höhle befindet sich tief in der Erde nahe einer Magmakammer. Einige ihrer transparenten Kristalle sind über elf Meter lang.

Als Troglobionten und Troglophile bezeichnet man Tiere, die dauerhaft bzw. zeitweilig in Höhlen leben. Trogloxene Tiere dagegen trifft man nur zufällig in Höhlen an. Echte Troglobionten wie die Höhlenfische sind völlig an das Dasein in der Höhle angepasst. Sie verbringen ihr ganzes Leben in ihrem unterirdischen Lebensraum, während troglophile Tiere wie Fledermäuse auch oberirdisch leben und die Höhlen nur vorübergehend nutzen.

Höhlen sind ganz besondere Lebensräume, weil in ihnen meist Dunkelheit herrscht. Darum sind Energie und Nährstoffe knapp.

In diesem Kapitel ahmst du das Kristallwachstum in einer Höhle mit Natron nach und experimentierst mit unterkühltem Wasser.

PROJEKT 45

UNTERKÜHLTES WASSER

Material

- Leitungswasser
- Kühlbox oder großer Eimer, mit Eis gefüllt
- Stein-, Meer- oder Tafelsalz
- Mehrere Flaschen mit demineralisiertem oder destilliertem Wasser
- Schüssel oder Suppenteller

Wichtige Hinweise

Schraube die Deckel auf den Flaschen auf und nicht zu fest wieder zu, dann lassen sie sich später leichter öffnen.

Kühle das Wasser vorher im Kühlschrank.

Gefrorenes Wasser in einer Flasche muss einmal komplett auftauen, bevor es erneut heruntergekühlt werden kann.

Vielleicht brauchst du mehrere Versuche, bis dieses Experiment gelingt. Nur Geduld!

Abb. 4: Gieße das unterkühlte Wasser langsam auf das Eis.

JETZT WIRD ES EISIG: WIE WEIT KANNST DU DEN GEFRIERPUNKT VERSCHIEBEN?

Versuchsprotokoll

1. Fülle so viel Wasser in die Kühlbox oder den Eimer, dass das darin enthaltene Eis fast bedeckt ist.

2. Gib zu 15 l Wasser-Eis-Gemisch etwa 70 g Salz. Wenn du nicht weißt, wie viel Liter dein Behälter fasst, miss die Eis- und Wassermengen beim Hineinfüllen ab (Abb. 1).

3. Leere eine oder zwei der mit demineralisiertem oder destilliertem Wasser gefüllten Flaschen, beschrifte sie mit »Leitungswasser« und fülle Leitungswasser hinein. Deckel wieder zuschrauben.

4. Lege mehrere Flaschen in das Eiswasser; die Deckel sollte oben herausschauen. Achte darauf, dass mindestens eine Flasche mit Leitungswasser und eine mit destilliertem oder demineralisiertem Wasser darunter ist (Abb. 2).

5. Kühle die Flaschen im Eiswasser und schaue regelmäßig nach, bis das Wasser in einer Flasche gefroren, in den anderen aber noch flüssig ist. Das kann einige Stunden dauern (Abb. 3).

6. Lege einige saubere Eiswürfel in eine Schüssel oder einen Suppenteller.

7. Nimm vorsichtig eine der Flaschen mit noch flüssigem Wasser aus dem Behälter und drehe sachte den Deckel ab. Gefriert das Wasser, nimm eine andere Flasche.

Abb. 1: Fülle Eis und Salz in die Kühlbox.

Abb. 2: Stelle die Flaschen zum Abkühlen in das Eiswasser.

8. Hast du eine Flasche gefunden, deren Inhalt beim Öffnen nicht gefriert, gieße das Wasser langsam auf die Eiswürfel. Wenn es unterkühlt ist, wird es sofort gefrieren und eine Eissäule bilden (Abb. 4).

9. Wenn es nicht klappt, kühle das flüssige Wasser noch länger und versuche es erneut!

10. Auf S. 141 findest du einen Link zu einem Video von unserem supercoolen Experiment.

Abb. 3: Schaue regelmäßig nach, ob sich in einer der Flaschen schon Eis gebildet hat.

Noch mehr Ideen

Führe das Experiment mit anderen Flüssigkeiten durch. Funktioniert es mit kohlensäurehaltigen Getränken?

Die Wissenschaft hinter dem Spass

Wasser gefriert normalerweise, wenn es unter 0 °C abkühlt. Fehlt jedoch ein Kristallisationskeim, kann es noch weit unter 0 °C flüssig bleiben. Bei diesem Experiment gefriert das Leitungswasser meist zuerst, denn an seinen Verunreinigungen, die als Kristallisationskeime dienen, bilden sich Eiskristalle. Diese können auch an rauen Stellen an der Innenseite der Flasche entstehen. Hat sich erst einmal ein Kristall geformt oder kommt das Wasser in Kontakt mit einem anderen Eiskristall, arrangieren sich die Wassermoleküle rasch um diesen, und das Wasser gefriert.

Bei unterkühltem Wasser, also Wasser, das kälter als 0 °C ist, kann durch Bewegung oder Erschütterung ein Eiskristallgitter entstehen. Setzt die Kristallbildung erst einmal ein, bilden alle unterkühlten Wassermoleküle schlagartig die Kristallformation – es entsteht Eis.

PROJEKT

46 SELBST GEMACHTE TROPFSTEINE

LASS STALAGMITEN UND STALAGTITEN AUS NATRON WACHSEN.

Material

- Rechteckiger Plastikbehälter (mit Deckel), groß genug für die beiden Gläser
- Aluminiumfolie
- 2 Gläser
- Heißes Leitungswasser
- Natron
- Lebensmittelfarbe
- Küchenkrepp oder Papierserviette, weiß
- Löffel

Wichtige Hinweise

Möglich, dass die Kristalle ein paar Wochen zum Heranwachsen brauchen. Hab also etwas Geduld.

Dieses Experiment gelingt bei sehr feuchter Witterung nicht so gut.

Sollte es regnen, schütze deine Tropfsteinhöhle mit dem Deckel des Behälters.

Abb. 5: Auch am Glasrand können sich Kristalle bilden.

Versuchsprotokoll

1. Bastle eine »Höhle« aus einem mit Alufolie ausgekleideten, auf die Seite gelegten Plastikbehälter.

2. Fülle beide Gläser mit heißem Leitungswasser.

3. Gib in jedes Glas so viel Natron, dass es sich nicht mehr komplett auflöst, sondern eine Schicht am Boden bildet.

4. Träufle in jedes Glas einige Tropfen Lebensmittelfarbe, rühre um und stelle die offenen Gläser in die gebastelte »Höhle« (Abb. 1, 2).

5. Schneide zwei lange, etwa 2,5 cm breite Papierstreifen zu. Falte jeden Streifen einmal in der Mitte.

6. Stecke die Papierstreifen mit je einem Ende in die Gläser. Sie sollten eine Brücke bilden, der Knick weist in der Mitte nach unten. Achte darauf, dass die Papierenden in die Flüssigkeit getaucht sind.

7. Nach einigen Minuten sollte Flüssigkeit von beiden Ende in die Mitte der »Papierbrücken« ziehen; wahrscheinlich tropft es (Abb. 3).

8. Lass deine Höhle an einer geschützten Stelle stehen, sodass die Natronlösung weiter tropfen kann. Schaue etwa alle zwei Tage danach. Sollte das Papier austrocknen, gib mit dem Löffel etwas Flüssigkeit aus jedem Glas darauf, um das Tröpfeln wieder anzuregen.

9. Nach einigen Tagen solltest du kristalline von oben herabhängende Stalaktiten und von unten emporwachsende Stalagmiten in deiner Höhle vorfinden (Abb. 4, 5).

Abb. 1: Träufle Lebensmittelfarbe in das Wasser-Natron-Gemisch.

Abb. 2: Stelle die Gläser in die selbst gebastelte »Höhle«.

Abb. 3: Von der Papierbrücke zwischen den Gläsern tropft Flüssigkeit.

Abb. 4: In der Höhle bilden sich Stalagtiten und Stalagmiten.

Noch mehr Ideen

Versuche, mit anderen Lösungen (z. B. aus Bittersalzen und Wasser) Kristalle in deiner Höhle zu züchten.

Die Wissenschaft hinter dem Spass

In Höhlen bilden sich Stalaktiten durch herabtröpfelndes Wasser, das Mineralien enthält. Diese werden abgelagert, sodass sich mit der Zeit eiszapfenähnliche Strukturen, die Stalaktiten, bilden. Auch darunter sammeln sich oft Mineralien und bilden aufwärts wachsende Ablagerungen, die Stalagmiten. Viele dieser unterirdischen Wunder brauchen viele Jahrhunderte, um größere Säulen zu formen. Deine Natron-Tropfsteine dagegen bilden sich innerhalb weniger Tage oder Wochen.

Oberflächenspannung und Kapillarkräfte ziehen Wasser und gelöstes Natron im Papier über den Rand des Glases und hinunter an den tiefsten Punkt der Brücke. Dort tropft das Wasser herunter. Ein Teil davon verdunstet, und zurück bleiben die Natronkristalle. Mit der Zeit kannst du von oben und von unten heranwachsende Kristalle sehen – wie in einer echten Tropfsteinhöhle!

PROJEKT 47

NATÜRLICHER FILTER

Material

- Mindestens 2 leere 2-l-Flaschen
- Gläser
- Steinchen, etwas größer als die Flaschenöffnung
- Sand
- Erde
- Messbecher
- Leitungswasser
- Wissenschaftliches Notizbuch
- Je ein Krug mit rosa und blau gefärbtem Wasser (Lebensmittelfarbe)
- Gras oder Moos
- Kieselsteine

Wichtige Hinweise

Sei nicht enttäuscht, wenn das Wasser nach dem ersten Durchlauf sehr trüb ist. Du brauchst vielleicht mehrere Durchläufe des Wassers durch den Filter, bis du einen Unterschied sehen kannst – je nachdem, welchen Typ Sand oder Erde du testest.

Das gefilterte Wasser nicht trinken!

»VERSCHMUTZE« WASSER MIT LEBENSMITTELFARBE UND VERSUCHE ES MIT EINEM NATÜRLICHEN FILTER ZU REINIGEN.

Abb. 4: Gieße gefärbtes Wasser in die Filter.

Versuchsprotokoll

1. Schneide die Böden der Plastikflaschen ab und stelle die Flaschen kopfüber in die Gläser.
2. Lege eine Schicht Steinchen unten in jede Flasche (Abb. 1).
3. Fülle in eine der Flaschen darauf eine dicke Schicht Sand (Abb. 2).

Abb. 1: Gib Steinchen unten in jede Flasche.

Abb. 2: Fülle darauf Sand.

4. Gib in einer der anderen Flaschen eine dicke Schicht Erde auf die Steinchen.

5. Überlege, welcher Filter wohl besser funktioniert. Schütte dann einen Becher klares Leitungswasser in jeden Filter, um deine Hypothese zu überprüfen. Betrachte das unten austretende gefilterte Wasser und mach dir Notizen (Abb. 3).

6. Kippe das Wasser aus den Gläsern.

7. Gib einen Becher (ca. 250 ml) rosa Wasser in die Filter (die Farbe ist dein »Schmutz«), beobachte das Filtrat und notiere alles in dein Notizbuch.

8. Schichte weitere Materialien auf, wie Gras oder Moos. Welche Naturmaterialien helfen beim Filtern?

9. Prüfe deine Filter, indem du in beide die gleiche Menge gefärbtes Wasser gibst. Beobachte, wie farbig und klar das gefilterte Wasser ist (Abb. 4).

Abb. 3: Welcher Filter wird wohl am besten arbeiten?

Noch mehr Ideen

Säe Chia- oder Grassamen in einem der Filter, um herauszufinden, ob Pflanzenwurzeln zur Filterung beitragen. Prüfe die Filter ein paar Wochen lang jede Woche, während die Wurzeln wachsen.

Die Wissenschaft hinter dem Spass

Gesunde Erde – also Erde ohne Verschmutzungen und giftige Rückstände – ist ein wichtiger Wasserfilter. Gestein, Sand, Schluff, Lehm, Wasser, Luft und organische Materie wie zerfallende Pflanzenteile sind Bestandteile der Erde; diese wimmelt von Lebewesen, darunter Bakterien, Pilze, Arthropoden und Würmer.

Bestimmte Bestandteile der Erde ziehen Verschmutzungen, die das Wasser mit sich führt, an und halten sie fest. Da Erde auch kleine Partikel (wie Schluff und Lehm) enthält, ist sie zudem ein guter physikalischer Filter. Große Partikel bleiben darin hängen und sitzen fest. Mikroben in der Erde zerlegen bestimmte Schadstoffe in harmlose Bestandteile. Manche Bakterien können sogar fossile Brennstoffe wie Erdöl abbauen.

Bei diesem Projekt »verschmutzt« du Wasser mit Lebensmittelfarbe und lässt es durch natürliche Filter laufen. Überraschenderweise ist nicht Sand, sondern Erde ein besserer Filter. Sie filtert allerdings nicht alles heraus. Darum ist es so wichtig, dass wir nicht unbedacht irgendwelche chemischen Substanzen in unseren Gärten und auf den Feldern ausbringen, denn vieles davon landet letztlich im Grundwasser – und damit wieder bei uns.

KAPITEL 12
GANZ SCHÖN FROSTIG

WENN DU DAS INNERSTE EINER SCHNEEFLOCKE GANZ GENAU BETRACHTEST, ENTDECKST DU WOMÖGLICH BAKTERIEN-DNA.

Wassermoleküle bewegen sich bei Kälte weniger und lagern sich dichter zusammen. Es braucht jedoch einen sogenannten Kristallisationskeim, damit sich eine geordnete Eiskristallstruktur ausbilden und eine Schneeflocke formen kann. Hoch oben in der Atmosphäre umhüllen die Wassermoleküle Kristallisationskeime wie Staub- und Rußpartikel oder in der Luft schwebende Bakterien und bilden so die richtige Anordnung für die Eiskristalle. Daran lagern sich weitere Wassermoleküle an – schließlich entstehen Schneeflocken. Die Form der einzelnen Schneeflocken hängt von der Temperatur sowie einigen anderen Bedingungen in der Atmosphäre ab.

Wie Wissenschaftler nachgewiesen haben, werden viele Mikroorganismen vom Wind hoch in die Atmosphäre getragen. Viele überleben dort und können so weite Strecken zurücklegen. Um wieder zur Erde zu gelangen, sondern manche Bakterien bestimmte Proteine (Eiweiße) ab, die besonders gute Kristallisationskeime darstellen. Ob die Bakterien dann in Regentropfen oder Schneeflocken am Boden landen, hängt von der Temperatur in tieferen Luftschichten ab. Viele Wissenschaftler glauben, dass die in der Luft schwebenden Mikroorganismen sogar die Wolkenbildung und das Wetter beeinflussen.

Dieses Kapitel enthält einige Ideen für Experimente im Winter und Sommer. Du erforschst dabei die Schneeschmelze, beobachtest, wie Kälte chemische Reaktionen verlangsamt, formst Vulkankegel aus Schnee, genießt erstarrten Ahornsirup und versuchst dich als Eishersteller.

PROJEKT 48

SPIELE MIT EISCREME

Material

- 500 ml Milch
- 500 ml Sahne
- 100 g Zucker
- 2 Teelöffel Vanille, gemahlen
- 1-l-Gefrierbeutel mit Zipp-verschluss
- 4-l-Gefrierbeutel mit Zipp-verschluss
- Reichlich Eis
- Ca. 500 g Salz
- Geschirrtuch

KOMBINIERE DEN EFFEKT DER WÄRME-ÜBERTRAGUN UND EIN BISS CHEN SPORT MIT EINEM ESSBAREN ERGEBNIS!

Abb. 5: Neckball spielen macht auch Spaß!

Versuchsprotokoll

1. Stelle eine Eiscrememischung aus Milch, Sahne, Zucker und Vanille her, indem du alle Zutaten in einer Schüssel gut verrührst (Abb. 1).

2. Gib 250 ml der Eiscrememischung in einen 1-l-Gefrierbeutel, drücke etwas von der Luft heraus und verschließe den Beutel. Lege diesen kleinen Beutel in einen zweiten kleinen Beutel, drücke die Luft heraus und verschließe auch diesen fest. Gib nun die doppelt eingepackte Mischung in einen großen Gefrierbeutel (4 l) und fülle diesen mit Eis.

3. Gib etwa 150 g Salz in den großen Beutel, drücke die Luft heraus und verschließe ihn (Abb. 2).

4. Wickle ein Geschirrtuch um den Beutel mit Eis und stecke ihn in einen weiteren 4-l-Beutel. Verschließe auch diesen (Abb. 3).

5. Spiele eine Runde (10–15 Minuten) Werfen und Fangen mit dem Beutel (Abb. 4, 5).

Wichtige Hinweise

Wenn die Eiscreme beim Herausholen noch nicht gefroren ist, gib mehr Eis und Salz in den äußeren Beutel und spiele damit nochmals 5–10 Minuten Fangen.

Abb. 1: Fülle 250 ml Eiscrememischung in einen Gefrierbeutel mit Zippverschluss.

Abb. 2: Stecke den kleinen Beutel in einen größeren Beutel, den du mit Eis und Salz befüllst.

Abb. 3: Wickle den Eisbeutel in ein Geschirrtuch und stecke ihn in einen größeren Beutel.

Abb. 4: Spiele Fangen mit dem »Eispaket«.

Abb. 6: Nimm den Beutel mit der Eiscreme heraus …

Abb. 7: … und lass dir die Eiscreme schmecken.

6. Entferne die äußeren Beutel und genieße die gefrorene Belohnung! (Abb. 6, 7)

7. Wiederhole die Schritte 2 bis 8 mit dem Rest der Eismischung – oder lass sie einfach im Eisfach gefrieren!

Noch mehr Ideen

Wenn du weniger Salz zum Eis gibst, gefriert die Eiscreme langsamer. Wie fühlt sie sich dann an?

Die Wissenschaft hinter dem Spass

Beim Eiscrememachen lernst du etwas über Wärmeübertragung und Kristallbildung. Eis ist Wasser im festen Aggregatzustand (der Aggregatzustand eines Stoffes kann beispielsweise fest, flüssig oder gasförmig sein). Salziges Wasser hat einen niedrigeren Gefrierpunkt, denn das Salz hält das Wasser auch unterhalb seines normalen Gefrierpunkts, der bei 0 °C liegt, flüssig.

Bei diesem Projekt bewirkt das Salz, dass das Eis schmilzt, wozu es der Umgebung Wärme entzieht. Es entsteht eine sehr, sehr kalte Eis-Salz-Wasser-Mischung. Die Wärmeübertragung erfolgt immer dorthin, wo die Temperatur niedriger ist, in diesem Fall also von der Eiscrememischung in das Eiswasser. Darum gefriert das Wasser in der Eiscrememischung zu Eis.

Je nachdem, wie schnell die Eiscreme gefriert und welche Zutaten sie enthält, variiert die Größe ihrer Eiskristalle. Gefriert der Mix sehr schnell, entstehen meist große Kristalle, das Eis wirkt körnig. Umrühren und Zusätze wie Gelatine lassen kleinere Eiskristalle und somit cremigeres Eis entstehen.

PROJEKT 49

AHORNSIRUP ZUM ANBEISSEN

Material

- → Frischer, sauberer Schnee
- → Flacher Behälter (wahlweise)
- → 250 ml Ahornsirup
- → Topf
- → Zuckerthermometer
- → Feuerfester Messbecher
- → Gabel
- → Holzspieße oder Stäbchen (wahlweise)

Wichtige Hinweise

Heißer Sirup kann Verbrennungen verursachen. Bei diesem Projekt sollte ein Erwachsener zugegen sein!

Die Sirupschleckerei vor dem Genießen ganz abkühlen lassen.

Nur reinen Ahornsirup verwenden, damit klappt es am besten.

STELLE PER SCHNELLKÜHLUN[G] LECKERE SÜSSIGKEITEN AUS AHORNSIRUP HE[R]

Abb. 4: Hebe die Süßigkeit mit einer Gabel aus dem Schnee.

Versuchsprotokoll

1. Suche draußen eine Stelle mit einer sauberen, 15–20 cm dicken Schneeschicht. Du kannst auch eine 8–10 cm dicke Schneeschicht in einen großen, flachen Behälter geben.

2. Koche den Ahornsirup in einem Topf auf und rühre dabei ständig um, bis der Sirup etwa 115 °C heiß ist (mit einem Zuckerthermometer prüfen). Das wird ungefähr sechs Minuten dauern (Abb. 1).

3. Nimm den Topf vom Herd und gieße den Sirup vorsichtig in einen hitzeresistenten Behälter mit Ausguss, z. B. einen feuerfesten Messbecher.

4. Gieße den Sirup in Schlangenlinien draußen direkt in den Schnee oder in einen mit Schnee gefüllten Behälter (Abb. 2, 3).

5. Sind die Siruplinien erstarrt, hebst du sie mit einer Gabel aus dem Schnee (Abb. 4, 5).

6. Du kannst die Süßigkeiten gleich essen oder sie erst etwas anwärmen lassen und dann um einen Holzspieß wickeln.

Abb. 1: Koche den Ahornsirup in einem Topf.

Abb. 2: Träufle den Sirup in Schlangenlinien auf den Schnee.

Abb. 3: Du kannst auch eine Auflaufform mit Schnee füllen und den Sirup darauf verteilen.

Abb. 5: Behält die Süßigkeit ihre Form?

Noch mehr Ideen

1. Versuche, den Sirup bei unterschiedlichen Temperaturen zu verarbeiten – welche Unterschiede in Farbe und Konsistenz zeigen die entstehenden Süßigkeiten?
2. Gelingt dir das Experiment auch mit anderen Siruparten, z. B. Rüben- oder Maissirup?
3. Versuche, Ahornzucker herzustellen (siehe Text rechts).

Die Wissenschaft hinter dem Spass

Ahornsirup wird aus Baumsaft hergestellt, der gekocht wird und dadurch Flüssigkeit verliert. Nach dem Verdunsten der Flüssigkeit bleibt ein Sirup, der größtenteils aus dem Zucker Saccharose besteht, aber auch Glucose und Fructose enthält.

Da in dem Baumsaft auch andere Bestandteile enthalten sind, hat der Sirup je nach Region, in der er geerntet wurde, einen unterschiedlichen Geschmack. Im noch kühlen Frühjahr gesammelter Saft ist meist hell und mild im Geschmack. Ist es wärmer, bauen Mikroorganismen einen Teil des Zuckers im Sirup ab, sodass er dunkler und herber wird.

Bei diesem Experiment erhitzt du den Ahornsirup, wobei noch mehr Wasser verdampft. Es entsteht eine übersättigte Lösung, die mehr Zucker enthält als eine Lösung, aus der Wasser einfach bei Zimmertemperatur verdunstet ist.

Wenn du diese übersättigte Lösung in den Schnee gießt, kühlt sie sehr schnell ab. Es bilden sich Zuckerkristalle, die dem Sirup eine halbfeste Konsistenz verleihen. Durch stärkeres Erhitzen verdampft noch mehr Wasser, sodass sich beim Abkühlen noch mehr Kristalle bilden und die Süßigkeit noch härter wird. Wenn du vorsichtig alles Wasser aus dem Sirup verdampfen lässt, bleiben zum Schluss nur noch die Zuckerkristalle aus dem Ahornsaft übrig – nun hast du Ahornzucker.

PROJEKT 50

SCHNEESCHMELZE

Material

→ 1–2 Eimer oder große Plastikbehälter

→ Schnee

→ Zollstock oder Maßstab

→ Notizbuch

→ Durchsichtige Gläser

Wichtige Hinweise

Kleine Kinder mit den Wassereimern nicht unbeaufsichtigt lassen!

Trinke das Schmelzwasser nicht.

WAS STECKT IN EINEM EIMER SCHNEE?

Abb. 2: Wie tief ist der Schnee in den Eimern?

Versuchsprotokoll

1. Fülle einen Eimer oder anderen Behälter mit Schnee. Streiche den Schnee bündig mit dem Rand des Eimers ab, ohne ihn zusammenzudrücken (Abb. 1).

2. Fülle einen zweiten Behälter mit Schnee. Drücke diesen fest und streiche auch ihn bündig mit der Eimerkante ab.

3. Miss nach, wie tief der Schnee in den Eimern ist, und schreibe die Ergebnisse in dein Notizbuch oder auf einen Zettel (Abb. 2).

Abb. 1: Sammle Schnee in einem Eimer.

4. Trage die Eimer ins Haus und lass den Schnee schmelzen.

5. Ist der Schnee komplett geschmolzen, miss nach, wie hoch das Wasser in den Eimern steht. Schreibe die Werte neben die ersten Ergebnisse (Abb. 3).

6. Gieße etwas von dem Wasser in ein durchsichtiges Glas und prüfe, wie klar es ist. Schreibe deine Beobachtungen auf oder mach ein Foto und klebe es in dein Notizbuch (Abb. 4).

Abb. 3: Wie hoch steht das Schmelzwasser in den Eimern?

Abb. 4: Prüfe nach, wie klar das Schmelzwasser ist.

Noch mehr Ideen

1. Stelle einen Bakteriennährboden her (siehe Seite 141) und lege eine Kultur mit dem Schmelzwasser an. Wachsen darin Mikroorganismen?

2. Untersuche den Schnee jeweils, nachdem es frisch geschneit hat, und vergleiche das Wasservolumen.

Die Wissenschaft hinter dem Spass

Ein Schneekristall ist ein einzelnes Eiskristall. Es entsteht, wenn feinste Wassertröpfchen in einer Wolke an einem Eiskeimling gefrieren, der sich zuvor um einen Mikroorganismus oder ein Staubkorn gebildet hat. Manchmal wachsen die Eiskristalle zu großen, fluffigen Schneeflocken zusammen.

Die Bildung von Schneeflocken wird durch die Temperatur und die Luftfeuchtigkeit beeinflusst. Manche Schneeflocken haben lange, verzweigte Äste, andere sind klein und flach. Aber alle Schneeflocken haben sechs Ecken; diese Form ist durch die besonderen Eigenschaften der Wassermoleküle bedingt.

Die Form der Schneekristalle, das Wetter und die Oberfläche, auf die der Schnee fällt, entscheiden darüber, wie viel Luft im gefallenen Schnee eingeschlossen ist. Je mehr Luft eine Schneeschicht enthält, desto mehr Volumen hat sie und desto mehr Raum nimmt sie ein.

Schmilzt der Schnee, entweicht die eingeschlossene Luft. Darum hat Schnee stets mehr Volumen als sein Schmelzwasser.

PROJEKT 51

GEFRORENE VULKANE

Material

- Ca. 250 ml Essig
- Leere 0,5-l-Plastikflaschen
- Lebensmittelfarbe
- Papiertrichter oder Pappbecher
- Tasse (wahlweise)
- 50–60 g Natron
- Schnee

Wichtige Hinweise

Essig ist eine milde Säure und brennt in den Augen. Also Vorsicht beim Hantieren mit Essig!

BAUE EINEN »LAVA SPUCKENDEN« SCHNEEVULKAN IM GARTEN.

Abb. 4: Jetzt kannst du zusehen, wie dein Schneevulkan bunte »Lava« spuckt.

Versuchsprotokoll

1. Gieße den Essig in die Plastikflasche.

2. Gib einige Tropfen Lebensmittelfarbe hinzu (Abb. 1).

3. Falte einen Papiertrichter oder knicke den Rand eines Pappbechers zur Tülle ein.

4. Miss das Natron ab und gib es in eine Tasse (wenn du den Papiertrichter benutzt) oder in den Pappbecher.

Abb. 1: Gib Essig und Lebensmittelfarbe in die Plastikflasche.

Abb. 2: Schütte durch einen Trichter rasch Natron in den »Vulkan«.

5. Stelle die Flasche draußen mit der Öffnung nach oben auf den Boden. Baue einen Schneekegel um die Flasche herum, sodass es aussieht wie ein Vulkan.

6. Gib mit dem Papiertrichter oder Pappbecher rasch die gesamte Natronmenge in die Flasche und gehe einen Schritt zurück! (Abb. 2, 3, 4)

Abb. 3: Nimm den Trichter schnell weg.

Noch mehr Ideen

1. Führe den Versuch mit warmem Essig durch.

2. Verwende eine große Flasche und berechne, wie viel Natron und Essig du für eine prachtvolle »Eruption« aus einem größeren Behälter brauchst.

Die Wissenschaft hinter dem Spass

Chemische Reaktionen laufen ab, wenn man zwei Substanzen – wie hier bei diesem Experiment Natron und Essig – zusammenbringt und dadurch etwas Neues entsteht. Die korrekte chemische Bezeichnung von Natron lautet Natriumhydrogenkarbonat, und Essig ist eigentlich Essigsäure.

Eines der Produkte, die bei der Reaktion von Natron und Essig entstehen, ist das Gas Kohlendioxid. Der Gasdruck steigt in der Flasche rasch an, wenn du das Natron hinzufügst, und das Kohlendioxid kann nur durch die Flaschenöffnung entweichen. Das tut es mit so viel Macht, dass es die Schwerkraft überwindet und einen Teil der Flüssigkeit mit hinausschleudert, bevor die Schwerkraft es dann doch wieder zum Boden holt.

Auf Island gibt es viele unter Schnee, Eis und sogar Gletschern verborgene, aktive Vulkane. Brechen sie aus, bedeckt Asche oft den Schnee, noch bevor der Lavastrom eintrifft. Stößt heiße Lava auf Schnee und Eis, entweicht zischend Dampf in die Atmosphäre. Manche Wissenschaftler sind der Ansicht, Lava fließe über Eis sogar schneller ab als über bewuchsfreien Erdboden.

PROJEKT 52

KALTLUFTBALLONS

MATERIAL

- 2 identische leere Plastikflaschen
- 160 ml Essig
- 2 identische, mittelgroße Luftballons
- Löffel oder Papiertrichter
- 6 TL (ca. 30 g) Natron
- Messbecher mit Ausguss (wahlweise)

WICHTIGE HINWEISE

Ihr müsst dieses Experiment zu zweit durchführen, damit ihr die Reaktionen zeitgleich starten könnt.

Essig ist eine milde Säure und brennt in den Augen. Vorsicht beim Erwärmen in der Mikrowelle!

Kleine Kinder brauchen beim Befüllen der Ballons mit Natron Hilfe.

WELCHE CHEMISCHE REAKTION BLÄHT DEN BALLON SCHNELLER AUF?

Abb. 4: Welcher Ballon bläht sich schneller auf?

VERSUCHSPROTOKOLL

1. Beschriftet eine Flasche mit »warm«, die andere mit »kalt«.

2. Gebt genau 80 ml Essig in die leere Flasche mit der Aufschrift »kalt«. Stellt die Flasche für 30 Minuten draußen in den Schnee oder ins Gefrierfach, um den Essig zu kühlen.

3. Wenn die »Kalt«-Flasche 30 Minuten abgekühlt ist, erwärmt ihr die andere Hälfte des Essigs etwa 30 Sekunden in der Mikrowelle, sodass er warm, aber nicht heiß ist. Füllt ihn in die andere, mit »warm« beschriftete Flasche.

4. Zieht die Luftballons lang, um sie etwas zu lockern. Gebt mit einem Löffel oder Papiertrichter vorsichtig je 3 TL (15 g) Natron in die noch nicht aufgeblähten Ballons. Schüttelt das Natron auf den Boden der Ballons (Abb. 1).

Abb. 1: Füllt das Natron in die Ballons.

Abb. 2: Stülpt über die Öffnung jeder Flasche einen Ballon mit Natron.

5. Nehmt beide Flaschen mit nach draußen, ebenso die mit Natron gefüllten Ballons. Stülpt die Ballons mit den Öffnungen über die Öffnungen der Flaschen. Achtung, es darf jetzt noch kein Natron in die Flaschen rieseln! (Abb. 2)

6. An jeder Flasche muss eine Person stehen. Startet gleichzeitig die chemische Reaktion, indem ihr das gesamte Natron aus den Ballons in die Flaschen mit Essig schüttelt. Haltet die Ballons am Ansatz über der Flaschenöffnung fest, während sie sich mit Kohlendioxid füllen (Abb. 3).

7. Welcher Ballon bläht sich schneller auf? (Abb. 4)

Abb. 3: Richtet die Ballons gleichzeitig auf und schüttet so das Natron in die Flaschen.

Noch mehr Ideen

1. Erklärt einem anderen, warum es wichtig ist, bei diesem Experiment Behälter von derselben Größe und dieselben Mengen an Material zu verwenden.

2. Wiederholt den Versuch mit gefrorenem Essig. Wie könntet ihr die Reaktionsgeschwindigkeit noch beeinflussen?

3. Wiederholt den Versuch mehrere Male, entfernt dabei aber beide Ballons jeweils nach 5, 10, 15 und 30 Sekunden ab Beginn und knotet sie zu. Wiegt oder vermesst die Ballons; so könnt ihr ermitteln, wie viel Kohlendioxid im Verlauf der Zeit frei geworden ist.

Die Wissenschaft hinter dem Spass

Wenn man unterschiedliche Moleküle zusammenbringt und daraus etwas Neues entsteht, bezeichnet man das als chemische Reaktion. Ihr bringt in diesem Fall Natriumhydrogenkarbonat (Natron) und verdünnte Essigsäure (Essig) zusammen, und dabei entsteht unter anderem Kohlendioxid. Das Gas ist in den Flaschen »eingesperrt« und bläst beim Entweichen die Ballons auf.

Erwärmt man eine Substanz, bewegen sich deren Moleküle schneller und stoßen heftiger, also mit mehr Energie, aneinander. Für die meisten chemischen Reaktionen ist es erforderlich, dass sich die Moleküle mit einer bestimmten Mindestgeschwindigkeit bewegen; man spricht von der Aktivierungsenergie.

Wenn ihr warmen Essig zum Natron gebt, läuft die chemische Reaktion sehr schnell ab. Der Ballon füllt sich wesentlich schneller mit Kohlendioxid, als wenn ihr kalten Essig verwendet.

Hazel Kate Lucy Cam Sarah Lily Grey Cela Tess

Scarlett Ella Eva Nora AJ Katherine Lilly Lily Yara

Mina Aryanna Darya Maya Isaac Knox Bristow Emily Kendall

Stephan Mikaylah Wyatt Owen Elena Grace Charlie Grace Mary Ruth

Frances Claire George Jack Connor James Amelie April Will

Sam Nick Chloe Ryan Tom Hema Lara Cate Natalie

Ella Carlo Enzo Seth Christopher Sam Kyra Sarah Carissa

Molly Sophia Geneva Charlie John Georgia Elena May Hailey

Interessante Webseiten

BÄRTIERCHEN:
www.youtube.com/watch?v=H5nnrWuyHAU (Video)
www.nationalgeographic.de/aktuelles/das-wunder-der-baertierchen
www.funcrypta.de/www/index.html
www.spektrum.de/lexikon/biologie/baertierchen/7227

BESTIMMUNG VON TIERARTEN:
lernarchiv.bildung.hessen.de/grundschule/Sachunterricht/tiere/
offene-naturfuehrer.de/web/
www.schule-bw.de/unterricht/faecher/biologie/projekt/bach

CHEMIE ALLGEMEIN:
www.planet-schule.de/warum_chemie/themenuebersicht/themenseiten/t_index/start.html
www.spektrum.de/lexikon/chemie/
www.lernen-mit-spass.ch/links/chemie.php

HERSTELLUNG VON NÄHRBÖDEN FÜR BAKTERIENKULTUREN:
www.minicles.de/8im-experimente%20naehrboeden.htm

KAULQUAPPEN UND LURCHE:
www.nabu.de/tiere-und-pflanzen/amphibien-und-reptilien/amphibien/artenportraets/index.html

KLIMAFORSCHUNG:
www.dwd.de/DE/klimaumwelt/klimaforschung/klimaforschung_node.html
www.planet-wissen.de/natur/klima/klimaforschung/
www.pik-potsdam.de/forschung
www.dlr.de/ipa

MAKROINVERTEBRATEN:
www.wirbellose.de/links.html

MOOSE:
www.spektrum.de/lexikon/biologie/moose/43933

PFLANZENBESTIMMUNG:
www.pflanzen-bestimmung.de/
pflanzenbestimmung.info/

RAKETEN UND RAUMFAHRT:
www.esa.int/esaKIDSde/index.html

REGENWÜRMER:
lernarchiv.bildung.hessen.de/grundschule/Sachunterricht/tiere/wiesentiere/regenwurm/kinderseiten_regenwurm/
www.bodenkunde-online.de/neu/index.php?option=com_content&view= article&id=53&Itemid=62

SCHMETTERLINGE:
www.bund.net/themen_und_projekte/abenteuer_faltertage/steckbriefe/
www.nabu.de/tiere-und-pflanzen/insekten-und-spinnen/schmetterlinge/

SOLARFORSCHUNG:
www.esa.int/esaKIDSde/TheSun.html
www.planet-wissen.de/natur/polarregionen/polarlicht/pwiediesonne100.html

UNTERKÜHLTES WASSER:
www.youtube.com/watch?v=XWR5d7C0hZs (Video)

WELLENLEHRE:
www.leifiphysik.de/mechanik/mechanische-wellen/aufgaben
www.spektrum.de/lexikon/physik/welle/15501

WELTRAUM UND ERDE:
www.esa.int/esaKIDSde/index.html

WEBSEITE DER AUTORIN:
http://kitchenpantryscientist.com/

VIDEOS ZU DEN PROJEKTEN:
www.youtube.com/user/kitchpantryscientist/

Stand: September 2016

DANK

Ohne meine Familie und Freunde gäbe es dieses Buch nicht! Mein besonderer Dank gilt überdies:

Meinem wissenschaftlichen Berater Ron Lee, der mehrere Experimente beisteuerte und darauf achtete, dass ich bei physikalischen Erläuterungen keine Fehler machte. Er ist nicht nur brillant, sondern auch mein Vater.

Meinen Kindern Sarah, May und Charlie sowie meinem Ehemann Ken, die mir bei etlichen Fotos halfen und einen Sommer lang wie in einem chaotischen Wissenschaftslabor lebten.

Holly Lipelt und Lali Garcia DeRosier, die mir einige Lieblingsexperimente ihrer Schüler verrieten; Dr. Raychelle Burks, die darauf achtete, dass bei meinem Lipgloss die Chemie stimmt; Greg Heinecke, meinem pädagogischen Berater, der mir sagte, was Lehrer gern in einem Buch lesen.

Dem Richardson Nature Center in Bloomington, Minnesota, wo wir mit der Biologin Heidi Matheson Wolter Insekten kescherten und mit der Biologin Pauline Bold eine tolle Mondscheinwanderung machten. Danke an Michael Gottschalk für die Koordination.

Marion McNurlen, unserer Monarchexpertin von nebenan, die jedes Jahr vielerlei Schmetterlinge auf ihrer Veranda großzieht und uns für deren Nöte sensibilisiert.

Dem Bakken Museum of Electricity and Magnetism in Minneapolis, Minnesota, in dessen Springbrunnen wir Kaulquappen fangen durften.

Meiner stets gut gelaunten Fotografin Amber Procaccini, die Matsch, Würmern und rauem Gelände trotzte, um die tollen Fotos in diesem Buch zu schaffen.

Jennifer, Karen, Tim und Molly, die uns mit Horden von Jungforschern auf ihren Hof ließen – im Dienste der Wissenschaft.

Den wunderbaren, klugen und lustigen Kindern, deren Lächeln die Seiten dieses Buches erhellt.

Jonathan Simcosky, Renae Haines, David Martinelli, Katie Fawkes, Lisa Trudeau und dem gesamten Team von Quarry Books für ihre Hilfsbereitschaft, Geduld und Kreativität.

Und meiner Mutter Jean Lee, die mich immer zum Spielen nach draußen schickte.

ÜBER DIE AUTORIN

Liz Heinecke liebt die Naturwissenschaften, seit sie als kleines Mädchen ihre erste Raupe untersuchte.

Nach zehn Jahren in der molekularbiologischen Forschung schlug sie ein neues Lebenskapitel auf und wurde Mutter und Hausfrau. Mit ihrer Liebe zur Wissenschaft steckte sie rasch ihre drei Kinder an; auf ihrer Website kitchenpantryscientist.com hält sie deren Experimente und Abenteuer fest.

Ihre Begeisterung für die Wissenschaft führte bald zu regelmäßigen Auftritten bei Fernsehsendern der Metropolregion Minneapolis-Saint Paul, der Entwicklung der KidScience-App und der Veröffentlichung ihres ersten Buches *Das Experimente-Lab für Kinder: 52 familiengerechte Versuche aus dem Küchenschrank* (2014).

Wenn sie nicht gerade ihre Kinder von A nach B fährt, findet man Liz daheim in Minnesota, wo sie Wissenschaft vermittelt, experimentiert, schreibt, singt, Banjo spielt, malt, läuft und praktisch alles macht, um den lästigen Arbeiten im Haushalt zu entkommen.

Sie absolvierte ihr Examen in Kunst und Biologie am Luther College und erwarb ihren Mastertitel in Bakteriologie an der University of Wisconsin in Madison.

ÜBER DIE FOTOGRAFIN

Amber Procaccini aus Minneapolis, Minnesota, ist Werbefotografin und Fotojournalistin. Sie fotografiert vor allem Kinder, Babys, Essen und Reiseimpressionen. Ihre Leidenschaft für die Fotografie ist fast so groß wie ihre Leidenschaft für gute Tacos. Amber lernte Liz bei der Arbeit für deren erstes Buch kennen. Während sie sich über saure Gurken, Pastete und Brie beugten, wurde beiden Frauen rasch klar, was für ein hervorragendes Team sie sind. Wenn Amber gerade keine genervten Teenies fotografiert oder Cheeseburger möglichst attraktiv in Szene setzt, reist sie gern mit ihrem Ehemann und genießt die gemeinsamen Abenteuer.